기독교 영성의 흐름

기독교영성의 흐름

초판 1쇄　1998년 8월 10일
재2판 1쇄　2009년 3월 20일
저자　　　엄두섭
발행처　　은성출판사
등록　　　1974년 12월 9일 제9-66호

ⓒ 2009년 은성출판사
주소　　　서울시 강동구 성내동 538-9
전화　　　070) 8274-4404
팩스　　　02) 477-4405
홈페이지　http://www.eunsungpub.co.kr
전자우편　esp4404@hotmail.com

출판 및 판매에 관한 모든 권한은 본 출판사가 소유하고 있습니다. 출판사의 사전 서면 허락없이 상업적인 목적으로 번역, 재제작, 인용, 촬영, 녹음 등을 할 수 없음을 알려드립니다.

Printed in Korea
ISBN: 89-7236-371-2 33230

간추려 읽는 기독교 영성사

기독교 영성의 흐름

엄두섭 지음

목차

머리말 •7

1/ 영성의 흐름 •11

2/ 사막의 영성
　•성 안토니　•31
　•이집트 사막의 수도자들　•33
　•이집트 사막의 영성　•34
　•이집트 사막의 수도 교부들　•36
　•조쉬 머쉬와 이집트의 통회녀　•38
　•갑바도키아의 비경　•39
　•샤를르 드 푸꼬　•41
　•까를로 까레또　•46

3/ 중세의 영성
　•성 어거스틴　•53
　•성 베네딕도　•62
　•성 프란시스　•67
　•성녀 클라라　•82

4/ 사랑의 영성
- 끌레르보의 베르나르 ·89
- 소화 테레사 ·92
- 아르스의 성자 비안네 신부 ·97

5/ 내면적 영성
- 마이스터 엑하르트 ·101
- 신경건운동 ·107
- 토머스 아 켐피스 ·108

6/ 관상의 영성
- 고난의 영성의 특징 ·113
- 아빌라의 테레사 ·121
- 알칸타라의 성 베드로 ·125
- 십자가의 성 요한 ·126

7/ 개혁자들의 영성
- 마틴 루터 ·137
- 존 칼빈 ·141
- 경건주의 운동 ·145
- 요한 아른트 ·146
- 진젠돌프 ·148
- 모라비안 교회 ·151

8/ 영국의 영성
- 청교도 · 155
- 존 웨슬리 · 157

9/ 히말라야의 영성
- 선다 싱 · 161

10/ 정교회의 영성
- 실루안 · 177
- 사로프의 세라핌 · 180
- 자돈스키의 티콘 · 180
- 성 니콜라이 · 187
- 성 바실리 · 187

11/ 한국의 영성
- 이현필 · 189
- 이세종 · 193
- 김현봉 · 196

머리말

"너희는 예루살렘 거리로 빨리 왕래하며 그 넓은 거리에서 찾아보고 알라 너희가 만일 공의를 행하며 진리를 구하는 자를 한 사람이라도 찾으면 내가 이 성을 사하리라" 렘 5:1.

이 말씀은 "예루살렘에 사는 사람들아, 예루살렘의 모든 거리를 두루 돌아다니며 둘러보고 찾아보아라. 예루살렘의 모든 광장을 샅샅이 뒤져 보아라. 너희가 그곳에서 바르게 일하고 진실하게 살려고 하는 사람을 하나라도 찾는다면 내가 이 도성을 용서하겠다"라는 의미이다.

나는 이 나라 정치에 절망하고 종교에 대해 기절해 죽을 지경이 되었다. 이 나라는 모든 범죄에 있어서 세계 제일이다. 십대 청소년들이 살인, 강도, 자살로 걷잡을 수 없게 되었는데도 위정자들은 밤낮 GNP가 어떻고 경제대국이라고 너스레를 부리다가 나라가 이 꼴이 되었다. 그동안 위정자들 중 한 사람도 종교에 대해서나 국민 도덕생활에 대해 언급하지 않았다. 국민들의 애국심이나 정신적 각성, 도덕 재건에 대한 정책은 전무했다.

한국의 종교는 에스겔 골짜기에 쓰러져 있는 죽은 해골들이다. 형식적인 교파, 전통, 반복되는 예배로 목숨을 이어가려고 바둥거리지만 절망이다. 절망의 나라, 절망의 종교, 외우내환外憂內患, 안팎으로 어려움에 어쩔 줄 모르고 있는 지도자들….

유물론과 공산주의가 판을 치던 시대는 지나갔다. 그러나 새로이 이슬람교가 세계적으로 일어나고 동양의 불교가 유럽 사회에 침투해 들어가고 있다. 또 UFO와 외계인이 지구에 드나들고 있다면서 최근 미국에서만 3만 명 이상이 그것을 믿고 자신들이 우주시대의 새로운 예언자라고 주장한다. 그들은 새로운 종교적 모티프를 지니고 일어나고 있다.

이것이 기성 종교의 새로운 문제이다. 그런데도 기독교는 변질되고 타락하고 속화俗化되어 버렸다. 21세기에 기독교라는 종교는 살아남을 수 있을까? 주여! 절망입니까? 이제는 끝입니까?

> "대저 표면적 유대인이 유대인이 아니요 표면적 육신의 할례가 할례가 아니라 오직 이면적 유대인이 유대인이며 할례는 마음에 할지니…" 롬 2:28-29.

표면적 흐름은 공해에 오염되고 썩어 변질되어 한국의 기독교란 것이 무엇인지 분간할 수 없게 엉망진창이 되었지만, 그러나 그 썩은 표면의 지하 이면 깊이 흐르는 물소리를 나는 들을 수 있다. 미미하나 생명의 물줄기이다. 영성의 한 줄기 지하수 흐름이 2천 년 계속 흘러 내려오고 있다는 것을 나는 발견하였다.

기독교는 표면적 교파주의자, 교권주의자, 신학자들의 종교가 아니다. 참기독교는 신비가, 성인들의 종교이다. 하나님은 그들과만 더불어 말씀하신다.

"주여, 구원을 얻을 자가 많으니이까?"

"좁은 문으로 들어가기를 힘쓰라."

1998. 7. 어느 z 정에
엄 두 섭

1. 영성의 흐름

"여호와 하나님이 흙으로 사람을 지으시고 생기를 그 코에 불어 넣으시니 사람이 생령이 된지라" 창 2:7.

"아담"은 사람을 의미하는 보통 명사인데 하나님이 땅의 흙을 빚어 사람을 만드셨기 때문에 "아마다"(흙)에서 취한 것인 고로 "아담"이라고 했다. 따라서 인간의 본명은 "흙덩이"이다.

여호와 하나님이 흙덩이 사람에게 불어넣으신 "생기"는 단순한 동물적 생명의 숨결이 아니며, 또한 아직 성령도 아니다. 이것을 이성적 생명으로 보는 학자들도 있다. 이성은 하나님으로부터 온 것이요, 이성이 있으므로 인간을 다른 생물과는 다른 존재가 되게 한 것이다. 하나님이 자기 형상대로 사람을 지으셨다 했으니 이성이라는 표현을 영성이라 하는 것이 좋겠다. 이성적인 사람이 더욱 성령 부어 주심을 받지 아니한다면 하나님의 깊은 본질을 알 수 없다.

"사람의 사정을 사람의 속에 있는 영 외에는 누가 알리요 이와 같이 하나님의 사정도 하나님의 영 외에는 아무도 알지 못하느니라… 육에 속한 사람은 하나님의 성령의 일을 받지 아니하나니"고전 2:11, 14.

사람은 그리스도를 믿음으로 성령의 부으심을 받아 비로소 하나님의 형상, 즉 영성을 회복하게 된다. 단순히 이성이라고 말할 때는 하나님의 형상 또는 영적인 의미가 느껴지지 않는다. 맹자의 사단지심四斷之心과 같다. 하나님의 형상대로 지으시고 신적 생기를 불어넣으셨다 함은 분명히 영성적인 하나님의 입김生氣을 불어넣으심으로 사람이 비로소 생령生靈이 되었다는 것이다.

하나님의 손으로 흙을 빚으시고 하나님의 입김으로 영을 불어넣으셨으니 사람은 하나님의 단편이요 영의 일부분이다. 인간의 생명이 얼마나 독특한가는 같은 흙으로 지으신 모든 짐승과 새들에게는 생기를 불어넣지 않으셨다는 사실에서 깨달을 수 있다.

생기는 단순한 생물의 생명이 아니다. 하나님 자신의 생명과 공통의 성질을 가진 생기가 이성이다. 다른 동물은 하나님의 입김을 불어넣지 않아도 생물이 되었지만 영성은 없다. 사람은 한편으로는 동물과 공통된 물적 존재이지만 다른 면에서는 동물과 다른 영적 본질을 가진 특수한 존재이다. 다시 말해서 인간은 영성적인 존재이다. 육체로는 대지와 관련이 있고, 영성적 생명에 있어서는 하나님과 관계가 있다. 인간의 영에 성령을 받아야 참 영성이 회복된다. 인간은 영과 육의 복합체로서 죽으면 육체는 그 어머니인 "흙"으로 돌아가고, 영은 하늘에 올라가 아버지 하나님 품으로 돌아간다.

신비주의자 스웨덴보리는 "사람에게는 외성外性과 내성內性이 있다. 사람의 사람됨은 온전히 내성 때문이다. 내성이 그의 영성에 속하고 그의 영성이 바로 생명이기 때문이다. 이 내성으로 그의 생명이 영원히 존속한다. 외성은 육에 속하기 때문에 사후에 분리되고 또 영에 첨부될 뿐이니 외성들은 잠자는 상태에 들어가며 오로지 내성을 의한 하나의 측면 역할만 한다"고 했다.

본문에 대해 표준성경에는 "주 하나님이 땅의 흙으로 사람을 지으시고 그의 코에 생명의 기운을 불어넣으시니 사람이 생명체가 되었다"고 되어 있다. 생령을 생명체로 번역한 것은 잘못이다. 개나 돼지, 곤충도 생명체이다. 그러나 그것들은 하나님이 생기를 불어넣으신 생령이 아니다. 다시 말해서 그러한 동물들은 살아 있으나 영성체靈性體는 아니다.

인간의 육신은 땅의 흙으로 모양이 만들어졌으나 그의 영혼은 하나님의 호흡으로부터 생겼다. 두 세계의 창작품을 "생기"(네페쉬), "생령"(하이야)이라 한다. 생기는 하나님의 "프뉴마"이다. 기氣는 영靈이다. 인간은 고깃덩어리 혹은 정욕 덩어리가 아니다. 인간은 영적인 능력에 있어서 하나님처럼 만들어졌기 때문이다. 성경에 인간 외에 다른 곤충이나 동물들에게 생기를 불어넣으셨다는 말이 없다. 그것들에게 사람의 영이 없다는 뜻도 된다. 생기는 하나님의 씨앗이다. 신적 스파크다. 생령이 되었다는 것은 영성이다. 혼과 영은 다르다.

고린도전서 2:11-12에 "사람의 사정을 사람의 속에 있는 영 외에는 누가 알리요 이와 같이 하나님의 사정도 하나님의 영 외에는 아무도 알지 못하느니라 우리가 세상의 영을 받지 아니하고 오직 하나님께로 온 영을 받았으니"라고 했다. 사람의 영, 즉 자성自性에다가 "하나님께로 온 영"인 성령을 받아야 영성 회복이 가능하다.

성경은 세 가지 영을 말하고 있다. 즉 사람의 영人性, 세상의 영, 그리고 하나님의 영이다. 사람의 영은 우리가 태어날 때부터 가지고 있는 자기의 영(사람은 영적 동물: 창 2:7 참조)을 말하며, 세상의 영에 대해 온 세상 정신이 악마적(온 세상은 악한 자 안에 처한 것이며: 요일 5:19 참조)이라고 했으며, 하나님의 영은 우리가 그리스도를 믿음으로 새로 부어 주신 영이니 사람의 영이 아니요 하나님으로부터 온 영을 일컫는다.

심령학적으로도 영을 세 가지로, 즉 자령自靈, 빙령憑靈, 그리고 성령聖靈으로 분류한다. 영들의 세계는 조심스럽고 두렵다. 떠도는 부령浮靈들이 허다하다. 정신 못 차리면 어느 영에게 홀릴지 모른다. 빙령은 객기客氣가 와서 붙는 객령客靈이다. 영계의 낮은 층에 있는 영들이 지구에 드나든다.

영은 여러 가지인데 악령, 속이는 영, 원령怨靈, 망령妄靈, 산신령山神靈도 있다. 비교적 착한 영도 있다. 빙령과 객령은 자령도 성령도 아닌 속이는 영이다.

한국교회에서 말하는 성령은 대다수가 속이는 영이다. 그래서 성령이라 하더라도 일단 의심해 보아야 한다. 성령이 아니라도 속이는 영이 들어간 사람은 "내가 하나님이다", "재림주다", "가브리엘이다"라고 하며 속이게 된다. 그런 사람은 자기도 모르게 이단과 사교의 교주가 되고 만다. 그들도 무슨 영을 받기는 했다. 그러나 분명 속이는 영이다. 속이는 영은 그 결과를 봐야 알 수 있다. "문 예수", "감람나무", "영모靈母", "천부天父", "계룡산 재림주", "구인해"(재림주), "영생교", "아가 동산의 여교주", "삼각산 인산 영" 등이 이러한 부류이다. 지구 가까운 하-

층 영계에서 드나드는 영은 분명 속이는 영이다. 이들의 공통점은 "내가 하나님이다", "내가 재림주다", "내가 예수다" 하며 사람들을 속이는 것이다.

참 그리스도인의 영은 빙령이 아니다. 성령은 빙령이 아니기 때문이다. 성령이 내 안에 임하면, 그것은 그리스도의 영이며 보혜사이시기 때문에 우리의 영성이 회복된다. 다른 짓을 하지 않는다. 겸손히 그리스도를 증언한다. 자성自省하고 회개한다. 또한 예수를 닮고, 영적으로나 도덕적으로 성화된 영성이 된다.

요한일서 4:1에 "영을 다 믿지 말고 오직 영들이 하나님께 속하였나 시험하라 많은 거짓 선지자가 세상에 나왔음이니라"고 했다. 은사는 하나님의 선물이지 주님 자신이 아니다. 방언, 예언, 신유, 입신 등의 은사를 안 주면 자살하겠다는 사람도 있다. 방언 못하면 구원받지 못한다고 말하는 거짓 부흥사들도 있다. 은사는 없어도 무방하다. 대부분 성인들에게는 은사가 없었다. 은사보다 영성을 살려야 한다.

고린도전서 12:29-30에 "다 사도겠느냐 다 선지자겠느냐 다 교사겠느냐 다 능력을 행하는 자겠느냐 다 병 고치는 은사를 가진 자겠느냐 다 방언을 말하는 자겠느냐"라고 했다. 또한 고린도전서 13:1에는 "내가 사람의 방언과 천사의 말을 할지라도 사랑이 없으면 소리 나는 구리와 울리는 꽹과리가 되고"라고 했다.

::영성의 원리::

사도 바울은 "신령한 일은 신령한 것으로 분별하느니라 육에 속한 사람은 하나님의 성령의 일을 받지 아니하나니 저희에게는 미련하게 보임이요 또 깨닫지도 못하나니 이런 일은 영적으로라야 분변함이니라 신령한 자는 모든 것을 판단하나"고전 2:13-15라고 했다.

성직자에게 학문적 지식보다, 기술이나 방법보다 영성을 살리는 일이 중요하다는 것은 이 때문이다. 세속화가 되어서는 안 되고 순수 단일화해야 하며 신비神秘, 신령화神靈化해야 한다.

"육에 속한 사람"이란 영적이지 못한 사람을 일컫는다. 생래生來 그대로의 사람을 말한다. 비非영성인, 자연인, 육성인肉性人, 본능인本能人을 말한다. 자연인에게도 하나님의 형상대로 지은 흔적은 있으나 마멸된 상태이다.

"영에 속한 사람"이란 영적인 사람을 일컫는다. 육적인 사람과 영적인 사람은 대립된다. 선한 그리스도인은 영성을 회복한 사람이다. 성령의 사람이다. 하나님 앞에서는 이 세상이 인격을 평가하는 기준인 현우賢愚의 차별이 문제가 아니라 "육에 속한 사람"이냐 "영에 속한 사람이냐"가 중대한 구별일 뿐이다. 영성인이냐 육성인이냐의 문제이다. 어떻게든 영성이 활발하게 살아나야 한다.

요한복음 3:6-7에 주님은 "육으로 난 것은 육이요 성령으로 난 것은 영이니 내가 네게 거듭나야 하겠다 하는 말을 기이히 여기지 말라"고 하셨다. 인간은 본래 하나님의 형상을 닮은 영성적 동물이니 성령으로 중생해야 영성이 회복된다. 인간의 육체적인 삶, 육성의 본래적 삶이란 동물적인 삶에 지나지 않는다. 신적 영성이 죽었을 때 인간은 짐승에 불과하다.

창세기 2:7에 나오는 "생기"를 이성이라고 보는 학자들도 있다. 이성은 분별력, 판단력을 의미하지 직접 영의 의미가 강조된 것은 아니다. "생령"이 되었다는 것은 영성적 존재가 되었다는 것이다. 하나님의 숨을 쉬는 존재가 되었다는 의미이다. 하나님의 신적 입김은 단순한 이성이기보다 신적 영성이다. 이것을 회복하는 일이 바로 영성 회복이다.

::영성::

영성이란 다른 것이 전혀 섞이지 않은 비물질의 영으로서 순수한 것을 의미한다. 성경에 인간을 "신"神이라고 부르는 데가 있다 요 10:34 참조. 인간은 본능적인 동물로 끝나는 것이 아니다. 인간은 "신"神을 숨쉬는 영성적 존재이다. 신비스럽다.

윌리엄 로William Law는 "만일 주께서 모든 사람 안에 주님 자신 같은 새 생명을 일으키시는 것이 목적이라면 모든 사람은 본래 자기 생명의 가장 깊은 영혼 속에 그리스도의 씨앗, 다른 말로는 하늘의 씨앗을 가지고 있었음이 틀림없다. 그것은 보통 무감각 상태 속에 잠복해 있으며 그리스도의 중보의 힘에 의지하지 않고서는 싹트지 못한다. 혈육 밑에 갇혀 있는 그것은 끝내는 새벽별같이 우리 마음속에 떠오를 것이다"라고 했다.

영성을 말하는 것은 기독교인만이 아니다. 영성이라는 말을 쓰지 않더라도, 기독교인이 아니더라도 인간은 세상에서 말하는 바와 같이 창조 때부터 하나님의 형상을 타고난 영성적 동물이다. 영성이라 부르는 명사는 여러 가지나 그것이 지목指目하는 표적은 하나이다.

힌두교와 요가에서는 영성을 "프라나"라고 한다. 이는 우주의 생명소로서 오염된 대기나 도시에는 없다. 병원에도 없으며 백 리나 떨어진 산에만 있다고 한다. 동양 철학이나 도가道家에서는 이를 "기"氣라고 하며, 불교에서는 "심성"心性, 철학에서는 "이성", 정신 치료계에서는 "인적 라듐", 심령학에서는 "인체 방사능"이라고 한다. 이러한 여러 명사 중에 보다 영성적인 의미가 있는 말은 "심소"心蘇, "정점의 신적 스파크"이다.

::영의 옷::

인간이 영적인 동물임을 증명해 주는 유력한 증거들 중 하나는 "오라"aura이다. 이것을 영의 옷, "영의"靈依라고 한다. 누구나 인체 주위에 보이지 않는 빛의 두루마기처럼 몸의 형상과 같이 감싸는 영의 옷, 영적 두루마기를 입고 있다. 항상성恒常性의 방사광이다. 심령학자들이 말하고 연구하고 있으나 그 존재는 옛날부터 인정되어왔다. 중세의 성인이나 신비주의자들은 "님바스", "하로", "오레오라", "그로리" 등의 이름까지 지어 불렀다.

보통 사람의 눈에는 보이지 않지만, 영을 볼 수 있는 자는 "오라"를 본다고 한다. 신지학자들은 오라를 다섯 종류로 분류한다. 러시아의 한 학자는 오라를 천연색 사진으로 촬영하는 데 성공했다. 오라의 색깔은 같은 사람에게서도 감정의 상태에 따라 다르게 나타난다. 색의 변화는 30여 종으로 구분된다고 한다. 정신적으로 열등하고 혈기가 많아 화를 내고 원한의 감정이 사무친 사람의 오라는 적흑색에 거칠고 무서운 석이 된다. 사랑과 애모하는 마음을 가진 사람의 오라는 꽃 모양을 한 타늘색과 청색이며, 정신적인 높이를 가진 자나 종교가의 오라는 맑은 무지개색인데 참 아름답다고 한다. 덕이 높고 건강한 사람이나 심신이 통일된 사람의 빛의 방사층은 농후하며, 반대로 저능아나 병약자 등 열등 인격자의 것은 희미하고 박약한 색깔을 띤다.

죽은 자에게는 영의가 없다. 임종하는 사람은 목숨이 끊어질 때 초가 타오르다가 갑자기 소멸하는 것과 같은 상태가 된다고 한다. 그것을 사진으로 찍은 사람들이 있는데 시신에서 튕겨 나오는 주먹만한 불덩이 같다고 한다. 그들은 이것을 사람의 혼이라고 주장한다. 병病은 오라의 색채나 크기에 영향을 미치며, 정신력의 약화는 오라의 크기나 명료성을 감소시킨다고 한다.

그리스도나 프란시스와 같은 성인들의 그림에서 머리 뒤에 둥근 원형의 빛을 그리는 것은 그들의 몸에서 발하는 오라의 일종이라고 보는데, 이를 영광靈光, 후광後光, 원광圓光, 광명光明이라고 한다.

스웨덴보리는 사람이 죽어 영인靈人의 세계에 탄생하면 세상에 있을 때 사귀던 친구나 친지를 서로 알아보며, 가까이 가면 개인의 얼굴이나 음성으로만 아니라 그 생명의 후광, 혹은 원상圓相, sphere of his life으로 안다고 말했다.

모세가 신을 만나고 시내 산에서 내려왔을 때 얼굴에서 태양 같은 빛이 나서 이스라엘 백성이 쳐다보지 못했다. 그래서 모세는 얼굴에 수건을 쓰고 사람을 대했다. 성 베르나르의 얼굴에서도 빛이 났다. 거지 성자 베네딕도 라브르가 캄캄한 밤에 성당에 들어가 기도하고 있을 때 그의 몸에서 빛이 났다. 선다 싱을 보는 사람은 예수를 보는 느낌으로 놀랐다.

하찮은 사람이 신비가나 성자 앞에 나갈 때 머리를 들지 못하고 떠는 것은 그들의 강력한 영기靈氣에 눌리기 때문이다. 이현필의 눈에서는 빛이 반짝여서 사람들이 쳐다보지 못했다고 한다. 프란시스는 살인 늑대를 훈계했고, 선다 싱은 히말라야 산장에서 호랑이를 훈계했다. 맹수가 성인 앞에서 위축되는 것도 그 영기의 위엄에 눌려서이다.

독일의 화학자이면서 신비 연구가라는 이는 사람의 손가락 끝에서 오라가 방출되는 것을 확실히 보았다고 한다. 종교적인 예배나 기도 중에 두 손을 합장하는데 그 손은 사람의 심성, 마음의 상이라고 말한다. 독일의 해부학자 마이스빌은 현미경으로 사람의 손바닥에서 방사선을 발견했다. 그것은 일종의 효소 같은 것인데, 한 개의 손가락에 무려 5만 개의 포루砲壘 같은 작은 물체가 있어 음향을 내면서 포탄처럼 발사된다고 한다. 특히 거룩한 마음, 영의 마음, 사랑의 마음을 품었을 때 가장 잘 발사된다.

사령邪靈이 붙은 빙령자憑靈者에게 영적 능력을 가진 사람이 영기를 방사하면 그 환자의 쇠약해진 영성을 자극하므로 사령은 견디지 못하고 탈출해 나가 버린다. 영기는 양전기성陽電氣性이고, 사령은 음성陰性이라고 한다.

선다 싱이 기차를 타고 여행하는데 객실 내에서 한 마술사가 사람들 앞에서 자랑하느라고 마술을 부렸지만 잘되지 않았다. 그는 아무리 대써도 잘되지 않으니 "지금 이 차 안에 높은 신을 공경하는 사람이 타고 있기 때문이다"라고 말했다.

종교 용어를 말할 때는 영성을 살려 영으로 최대한 진동시켜야 한다. "하나님"은 가장 신령한 명칭인데, 영으로 진동시키면 1초 동안 1조 8

천 억 회의 비율로 진동시켜 내는 말이라고 한다. 그렇게 될 때 나 자체가 진동화하여 신 자체와 일치를 이룬다고 한다. 그리스도인 최대의 염원은 영성을 살리는 일이다.

오라를 영륜광靈輪光이라고도 한다. 육체가 죽을 때 그 때까지 후두부의 연수延髓에 연결되어 매달려 있던 영의 코드가 끊어진다. 그것은 영사靈絲 혹은 혼줄이라고 불리는데, 육체와 영혼 사이에 매어져 있는 가늘고 긴 것이다. 그때 영혼은 그대로 영계로 돌아간다.

오라는 이 영혼이 육체 속에 들어와 있을 때 발하는 광륜이다. 그것이 두부 중심으로 에너지를 광륜처럼 밝게 방사하고 있는 것이다. 그러나 육체에서 해방되면 영혼의 파동 자체가 이 때까지 육체를 매개로 삼던 수고를 생략하니 그대로 영혼 주위에 에너지가 둥근 형상으로 일종의 돔을 만든다.

스웨덴보리는 "사람은 내성으로 볼 때 하나의 영인 것은 사람이 죽어 영혼이 육체를 떠난 뒤에도 여전히 같은 사람으로 사는 사실을 보면 알 수 있다"고 했다.

:: 인자야 뼈들이 능히 살겠느냐 ::

에스겔 선지자의 예언에 "여호와께서 권능으로 내게 임하시고 그 신으로 나를 데리고 가서 골짜기 가운데 두셨는데 거기 뼈가 가득하더라 나를 그 뼈 사방으로 지나게 하시기로 본즉 그 골짜기 지면에 뼈가 심히 많고 아주 말랐더라 그가 내게 이르시되 인자야 이 뼈들이 능히 살겠느냐 하시기로 내가 대답하되 주 여호와여 주께서 아시나이다 또 내게 이르시되 너는 이 모든 뼈에게 대언하여 이르기를 너희 마른 뼈들아 여호와의 말씀을 들을지어다 주 여호와께서 이 뼈들에게 말씀하시기를 내가 생기로 너희에게 들어가게 하리니 너희가 살리라"겔 37:1-5고 했다.

이것이 오늘 한국 기독교계의 현실이다. 해골이 꽉 찬 한국 교계이다. 어느 교수는 세계적으로 큰 교회의 주일 예배에 참관하고 나서 "교인은 많이 모였는데 목사의 설교는 20분, 그것도 온통 잡담뿐이고 연보 봉투한 아름 안고 나와 일일이 이름 읽고 기도하는데 많은 시간을 낭비하더라"고 소감을 말했다. 이제 한국교회 부흥도 둔화되고 있다. 통계상으로 교인수가 감소하고 있다.

모두가 "목마르다"고 한다. 예수님도 계속 "내가 목마르다!"고, "사람들이 나를 믿노라지만 나를 사랑하지 않는다. 나는 사랑에 목마르다"고 말씀하신다. 한국교회의 교인들도 "목마르다!"고 신음하고 있다. 영성에 목말라 하고 있다. 이것이 세계적으로 오늘날 기독교의 현상이다. 말세의 현상이다. 기독교는 몰락의 위기에 있다.

> "주 여호와께서 가라사대 보라 날이 이를지라 내가 기근을 땅에 보내리니 양식이 없어 주림이 아니며 물이 없어 갈함이 아니요 여호와의 말씀을 듣지 못한 기갈이라 사람이 이 바다에서 저 바다까지 북에서 동까지 비틀거리며 여호와의 말씀을 구하려고 달려 왕래하되 얻지 못하리니 그날에 아름다운 처녀와 젊은 남자가 다 갈하여 피곤하리라"암 8:11-13.

이것이 오늘 교회의 현실이다. 서울에 교회가 많고, 신학교가 많고, 신학 박사 학위를 가진 목사들이 주일마다 웅변설교를 하는데도 교인들은 영성에 목말라 우왕좌왕하고 있다.

> "너희가 내 앞에 보이러 오니 그것을 누가 너희에게 요구하였느뇨 내 마당만 밟을 뿐이니라 헛된 제물을 다시 가져오지 말라 분향은 나의 가증히 여기는 바요 월삭과 안식일과 대회로 모이는 것도 그러하니… 너희가 손을 펼 때에 내가 눈을 가리우고 너희가 많이 기도할지라도 내가 듣지 아니하리니 이는 너희의 손에 피가 가득함이니라" 사 1:12-15.

형식적인 예배는 헛 예배다. 밤낮 모여 설교하고 예배를 반복하지만 물 없는 물방아같이 공전한다. 교인들은 예배를 보면서 "목마르다"고 한다. 직업적인 목사에게 그의 모든 것은 장사꾼의 상술이다. 설교도 노래도 기도도 성경도 모두 상품이요 전시품이다.

기독교인의 모든 활동을 목회술, 경영학, 인간의 방법과 기술로 하려 하지 말라. 인간적으로 하면 영성이 죽는다. 한국 개신교 교역자들이 인격적 무게가 없고 가벼우니 교인들이 경솔하고 무례하고 부도덕해진다.

종교인의 세계는 인격과 인격의 접촉으로만 되어져야 한다. 전도도, 교인끼리의 사귐도 그렇다. 학벌, 지식, 수단, 기술로 목회하노라 하지 말고 영성 목회를 해야 한다. 하나님은 영이시니 영으로 예배해야 한다. 하나님과의 동질 됨이 시급할 뿐이다. 이성의 만족이나 감정적으로 뜨거운 추구 말고 의지의 깊이와 영성의 신령미를 사모해야 한다.

> "생기가 그들에게 들어가매 그들이 곧 살아 일어나서 서는데 극히 큰 군대더라" 겔 37:10.

영성의 바람, 생기의 바람이 사방에서 불어야 한다. 영성만이 살아야 한다. 영성을 살리는 일만이 시급하고 중요하다. 축제같이 들뜬 분위기 속에서 예배만 반복해 드린다고 영성이 사는 것이 아니다.

바울은 "그런즉 이제는 내가 산 것이 아니요 오직 내 안에 그리스도께서 사신 것이라"갈 2:20고 했다. 이것은 바울 신앙의 극치요 신비주의이다. 그리스도의 생명이 내 안에 있는 내면적 종교가 깊은 종교이다. 바울의 종교는 내면적 종교요 하나님의 현존現存, 임재, 내재內在의 신앙이다. 하나님과 사람의 대응 관계의 신비주의이다.

영성의 법칙은 신령적이요 내면적이요 신비주의적이요, 애정의 신앙이다. 단순 순결성의 신앙이다.

> "신령한 일은 신령한 것으로 분별하느니라 육에 속한 사람은 하나님의 성령의 일을 받지 아니하나니… 이런 일은 영적으로라야 분별함이니라"고전 2:13-14.

세상의 철학적인 방법으로 아무리 탐구해도 신령한 일, 영적인 진리는 깨닫지 못한다. 신비주의는 인식이 도저히 도달할 수 없는 것을 직접 감득直接感得하는 것이다. 하나님의 현존 속에 의지意志, 지력知力, 감정을 하나님께 집중하여 하나님의 사랑에 미치고 하나님 속에 침몰하는 것이다.

::교회는 영성훈련의 장(場)::

21세기 한국교회, 앞으로의 한국교회는 과거와 같은 외부적 성장주의 말고 예언자적 종교로, 신비주의 영성운동의 종교로 나아가야 한다.

신비주의의 기독교보다 더 깊은 종교가 어디 있겠는가? 그들이 찾는 사랑의 진리, 명상의 신인일치보다 더 깊은 진리가 어디 있겠는가? 신비가들의 가슴은 끊임없이 신을 향해 불타오르고 있다. 신학자, 철학자, 교리학자, 목회자들이 말하는 종교는 껍질뿐이다. 성인. 신비가들이 체득한 것이 기독교의 정수요 심장이다.

영성의 정의라든지 개념이나 설명보다 실제로 생활하는 영성을 보여주는 일이 더 중요하다. 교회의 성장과 내적 안정을 위해서 영성에 깊이 사는 일보다 더 중요한 것은 없다. 영적인 사람이 되려면 영적인 생활을 해야 한다. 영성생활은 쉬운 일이 아니다. 교회에 다니고 예배나 본다고 해서 영성생활이 되는 것이 아니다. 영성생활을 하려면 영적인 싸움을 해야 한다.

참 성도들, 성인, 신비가들은 예배, 신학, 교회 보수로 만족하지 않고 영성을 살리기 위해 몸부림쳤다. 신에 미쳤다. 영성의 길은 내면적이요, 단일 순수하고 신비성을 띤다.

기독교회사에는 표면적인 교회사와 이면적인 영성사의 두 흐름이 있다. 그동안 우리가 배운 것은 표면적인 교회사일 뿐이다. 그것은 별로 가치가 없는 것이다. 종교개혁사조차도 별로 흥미가 없다. 우리는 새로운 교회사를 써야 한다. 개혁주의는 성경으로 돌아가서 성경에 근거하자는 것인데 성경은 의문(儀文: 문자)이 아니다. 축자영감설이면 다 된 것이 아니다. 성경은 약방문에 불과하다. 약방문이란 의사의 처방서인데, 환자가 처방서만 밤낮 들고 다닌다고 해서 병이 낫는 것이 아니다.

영성인들이 어떻게 영성생활을 했는가를 연구하는 것이 진정한 생명의 기독교회사이다. 영성 문제가 빠진 교회사는 알 빠진 조개껍질 같은 피상적인 역사이다.

종교개혁 후 얼마 지나 개혁교회에는 새로운 문제가 생겨났다. 강단이 굳어지고 도덕적으로 문란해지고 계속 분열했다. 그래서 스페인에서는 수도사 중심의 대응적 개혁운동이 일어나고, 독일 루터교회의 경건한 목사 요한 아른트와 필립 야곱 스페너를 중심으로 한 경건주의가 일어나고, 진젠돌프를 중심으로 모라비안 교회 선교 운동이 일어나고, 영국에서는 청교도 운동과 웨슬리가 일어났다.

> "우리 조상들은 이 산에서 예배하였는데 당신들의 말은 예배할 곳이 예루살렘에 있다 하더이다 예수께서 가라사대 여자여 내 말을 믿으라 이 산에서도 말고 예루살렘에서도 말고 너희가 아버지께 예배할 때가 이르리라… 하나님은 영이시니 예배하는 자가 신령과 진정으로 예배할지니라"요 4:20-24.

"우리 조상들은 이 산에서 예배하였는데 당신들의 말은 예배할 곳이 예루살렘에 있다 하더이다"라는 말은 종교적 논쟁의 중심 문제를 예배 장소에 대한 문제, 교파에 대한 문제, 교회 문제로 알고 있다는 것이다.

"이 산에서도 말고 예루살렘에서도 말고"라는 말씀은 "하나님을 예배하는 장소는 그리심 산도 아니요 예루살렘 성전의 지성소도 아니다. 하나님은 영산靈山을 성지로 따로 정하고 한정된 장소에 임하시는 것이 아니다. 밀실, 동굴, 보행도상 등 도처가 예배 장소이다"라는 뜻이다.

하나님은 유대인이나 사마리아인만의 하나님이 아니요 전 인류의 아버지시다. 전 인류는 누구나 종교심과 예배심을 가지고 있어 나름대로의 신을 생각하고 아침저녁으로 예배를 드린다. 불교도는 "나무아미타불"에게, 회교도는 "알라"에게 예배를 드린다. 하나님을 바로 알지 못하는데서 예배의 한정된 장소를 찾고, 영산이나 성지를 순례하고, 교파를 찾고 교회를 선별하노라 하지만 하나님을 바로 알지 못한 채 무조건 드리는 예배는 소용이 없다. 무모한 것이다. 오늘 기독교인들도 마찬가지이다.

"하나님은 영이시니 예배자가 신령과 진정으로 예배드리라"는 말씀은 모든 종교의 예배, 미사, 예불을 일정한 시각에 일정 장소(성당, 불전, 교회)에 모여서 일정한 의식에 따라 일정한 제사장, 성직자, 사제의 집례 하에 형식적, 습관적으로 드리는 것에 대해 바른 예배 자세를 가르쳐 주시는 말씀이다.

"하나님은 영이시니… 신령과 진정으로"라는 말씀 중 영(프뉴마), 숨결, 바람은 보이지 않고 잡히지도 않으나 분명 있는 것이다. 신의 본질은 영이다. 참예배자는 영의 내적 성전에서 신과 동질이 되어 영으로, 진(眞)으로 예배해야 한다. 이것이 신의 본질에 적합한 예배이다.

예수의 종교, 참 신을 예배하는 요소는 두 가지뿐이다. "영"靈과 "진" 眞이다. 신이 영이기에 예배자의 급선무는 신과 동질이 되도록 노력하는 것이다. 그밖에 형식, 예배 장소, 교파, 교회, 제단, 사제, 성찬, 기도문 등 모두는 소용없는 것이다.

무한 경쟁 시대라는 21세기가 닥쳤다. 종교도 이제 경쟁 시대에 이르렀다. 구교와 개신교, 이슬람교의 부흥과 기독교의 돌락 등 어느 것도 예측할 수 없게 되었다. 오늘 21세기를 맞는 기독교는 어떠한 태도를 정비하고 나서야 하겠는가?

러시아 정교회에서는 "개신교를 포함한 외래 종교의 포교활동을 제한"한다는 법안이 통과되었다. 러시아에 무절제하게 파송되어 활동하던 2천 5백 명의 한국 선교사들은 큰 문제에 봉착했다.

21세기를 대비하는 한국 기독교는 그 조직, 단결, 지도자, 예배 방법, 신관에 있어서 모두가 혁신되고 일신—新하여 전혀 새로운 종교로, 새로운 기독교로 나서지 않으면 안 된다. 독선과 배타, 구태의연한 것이 복음주의, 보수주의가 아니다.

::오직 이면적 유대인이 유대인이며…::

기독교 역사에는 언제나 두 줄기의 흐름이 병존하고 있다. 로마서 2:28-29에 "대저 표면적 유대인이 유대인이 아니요 표면적 육신의 할례가 할례가 아니라 오직 이면적 유대인이 유대인이며 할례는 마음에 할지니 신령에 있고 의문에 있지 아니한 것이라"고 했다.

"표면적"이란 피상적, 외면적, 형식적인 종교의 흐름이며, 교파나 교회의 소속, 성경, 세례, 성찬 의식 등을 말한다. 그와 반대로 "이면적"이란 내면적, 심층적, 마음의 영성적인 종교의 흐름이다. "신령에 있고 의문에 있지 아니한 것이라"는 말은 이면적 종교의 흐름, "신령"의 흐름, 즉 영성을 말하는 것이다.

모든 기독교인들의 관심이 교파, 교회, 예배, 의식보다 영성을 살리는 데 있어야 한다. 전 기독교 운동과 모든 지도자의 관심을 표면적 교세 발전보다 이면적 영성을 살리려는 데 두어야 한다.

지금 한국 사회와 한국 기독교에는 위대한 정치가, 위대한 신학자의 등장보다 위대한 영성인의 배출과 영성 운동이 시급하다. 영성운동이 일어나지 못하면 나라도 교회도 망한다.

> "주 여호와께서 가라사대 보라 날이 이를지라 내가 기근을 땅에 보내리니 양식이 없어 주림이 아니며 물이 없어 갈함이 아니요 여호와의 말씀을 듣지 못한 기갈이라 사람이 이 바다에서 저 바다까지, 북에서 동까지 비틀거리며 여호와의 말씀을 구하려고 달려 왕래하되 얻지 못하리니 그날에 아름다운 처녀와 젊은 남자가 다 갈하여 피곤하리라" 암 8:11-13.

유럽의 교회는 죽었다고 한 지 오래다. 아메리카의 교회는 타락하고 말았다. 한국교회는 영성이 죽어 버렸다. 교회가 3만 5천 개, 기독교인이 1천 2백만 명이라고 하나 모두가 영이 말라 비틀거리며 영성을 찾는다. 사막에서 오아시스를 찾듯 영성이 메말라 비틀거리며 교회를 찾는다. 찾아야 할 것은 신학이 아니다. 교파, 교회가 아니다. 정통이 아니다. 오직 영성이다.

교회사의 발전은 외부적인 성장 역사에 지나지 않는다. 중요한 것은 내면적이고 생명적인 것, 영성의 발전이다. 종교의 핵심 요소는 교회 건물, 교세, 신학, 교리, 제도, 조직이 아니요, 영성을 살리려는 데 있다. 영맥을 파야 한다. 영맥을 파내지 못하면 교회사는 메마르고 타락하고 멸망하고 만다. 프랑스의 혁명이 그 결과이다. 혁명자들이 제일 먼저 달려가서 파괴한 것은 교회였다. 러시아 혁명도 그러했다.

2 사막의 영성

::성 안토니::

성 안토니St. Anthonius, 251-356는 이집트 영성의 기원이요, 최초의 독수도자요, 은둔 수도자의 아버지이며 "하나님의 친구"라고 불렸다. 그의 전기는 아타나시우스가 썼는데 그만큼 안토니의 일생이 그를 감동시켰다. 어거스틴을 감동시켜 회개케 한 것도 그의 전기였다.

안토니는 이집트 콥트의 큰 부호의 아들로 태어났다. 18세 때 양친을 잃고 유산을 상속받았으나 신앙심이 두터운 그는 기도생활로 일생을 보내고자 했다. 예수께서 영생을 얻으려는 부자 청년에게 "네가 온전하고자 할진대 가서 네 소유를 팔아 가난한 자들을 주라… 그리고 와서 나를 좇으라"마 19:21 하신 말씀을 실천하고자 그는 재산을 가난한 사람들에게 나눠 주었다.

처음에는 자기 집 근처에 기도와 수덕훈련의 장소를 만들고 엄격한 금욕 생활을 하였다. 그러나 이에 만족하지 않고 가까운 곳에 혼자서 수도생활을 하는 노인을 찾아가 함께 수도생활을 하였으나 그것 역시 만족하지 못했다. 육신의 정욕을 이길 수 없었고 명예욕을 완전히 없앨 수 없었다.

안토니는 거기에서 멀리 떠나 옛 무덤 자리에 들어가서 수도했다. 그 후 그는 다시 더욱 철저한 수도생활을 위한 장소를 찾다가 무너져 황폐한 옛 성터를 찾아가 거기서 20년 동안 수도생활을 하며 기도에 열중했다. 거기 있는 동안 많은 마귀에게 시련을 겪으며 지냈다. 그러나 그는 여기에서도 만족하지 못하여 홍해에서 사흘이나 걸어 들어가야 하는 콜짐 산을 마지막 수도 장소로 삼고 죽을 때까지 거기 머물러 약간의 채소를 심고 대추나무 열매를 주워 먹으며 엄격한 독수도생활을 했다. 105세에 세상을 떠날 때까지 두 번밖에 세상에 나오지 않았다.

안토니는 양피를 입었고, 목욕하지 않았으며, 다만 하나님과 기도와 명상 속에 사귀는 생활을 즐겼다. 안토니는 기도생활에서 끊임없이 사탄의 시험을 겪었다. 사탄은 때로는 친구의 모습으로 나타나서 그를 책망하면서 세상으로 돌아가라고 권했고, 때로는 요염한 여자의 모습으로 나타나 유혹하기도 했다. 안토니는 평생 돼지로 변모한 사탄의 시달림 속에 살았다.

안토니는 사람을 피하여 깊은 사막에 들어가 혼자 수도생활을 했지만 그의 소문을 들은 사람들이 사방에서 안토니를 찾아왔다. 안토니가 피하여 딴 데로 가서 숨으면 어떻게 알고는 또 몰려왔다. 그래서 안토니는 할 수 없이 피스필에서 그들을 가르치고 지도해 주었다.

::이집트 사막의 수도자들::

기독교사에 있어서 영성운동이 가장 무르익던 시대는 이집트 사막에서 생활한 수도 교부들의 시대다. 사막에서의 수도자들의 생활이 너무도 철저하고 감격적이었기 때문에 그 후 수도생활을 하는 이들의 구호는 "사막의 수도", "후가 데 데르또"(사막으로 가자)였다. 이집트에서는 수도사와 수녀의 수효가 전체 주민 수효보다 더 많았다. 오르에게는 제자가 10만 명, 수도사가 천 명이나 되었다고 한다. 암몬에게는 3천 명의 수도사와 2만 명의 수녀가 있었다. 수도사들 중에는 장수하는 이들이 있었는데 90세나 되는 이도 있었고, 성 안토니는 105세까지 살았다. 이들 수도사들은 거친 사막에서 수도생활에 정진했다.

사막 동굴에서 일생 혼자 사는 은수사도 있었다. 엘리아스는 적막한 사막 속 돌출한 바위 그늘 아래 앉아 수도했는데 방문객이 찾아와도 한마디도 하지 않았다고 한다. 방문객은 와서 쳐다만 보다가 떠나갔다. 젊은 수사가 와서 "저에게 좋은 충고의 말 한마디를 해 주십시오"라고 청하면 "나보고 좋은 말을 충고해 달라고? 어서 자네 수실에 들어가 문을 잠그고 가만히 앉아 있게. 그러면 수실이 자네에게 가르쳐 줄 테니까 말이야"라고 했다.

많은 수사와 수녀들은 황폐한 옛 신전에서 수도생활을 하기도 했다. 충실한 효자가 아버지를 기다리듯이 그들은 밤새도록 잠자지 않고 고요한 침묵 속에서 그리스도만 기다렸다. 어떤 이는 저녁에 찬송 부르기 시작하여 아침까지 계속했다.

나일 강변에서는 강가의 흙을 빚어 수실을 지었다. 수실은 손수 벽돌과 진흙으로 하루 동안 완성한다.

수도 공동체 생활을 하는 이들은 수도원 안에 일용할 필수품을 저장하고 외출을 삼갔다. 그들은 일생 수도원 안에서 살았다. 연장자가 문지기 역할을 하면서 수도사들의 외출을 금했다. 일생 수도원 안에 머물기로 작정한 자가 아니면 누구도 수도원 안에 들여보내지 않았다. 수도원 안에서도 수사와 이야기하는 것이 금지되어 있었다.

마카리우스가 다른 수사와 함께 사막으로 길을 가다가 길가에 동굴이 있어 들어가 보니 한 수도자가 등을 돌리고 앉아 명상을 하고 있었다. 사람이 들어온 줄 아는지 모르는지 돌아보지도 않았다. 두 사람은 거기서 나와 자신들의 목적지까지 가서 일을 마치고 돌아오는 길에 다시 그 동굴에 들어가 보니 아침의 그 수도사는 죽어 누워 있었다. 측은히 여겨 가까이 가서 묻어 주려고 보니 그는 여자였다. 두 사람은 "아니 여자가 아니냐? 이 사막에서 남자도 어려운데 여자가 혼자 수도하다니…"라며 놀랐다.

수도자의 위험은 외부로부터의 침입자들이다. 사막 유목민들의 공격을 대비하여 수도원을 요새화하기도 했다.

::이집트 사막의 영성::

영성 운동의 흐름에서 제일 먼저 생각하지 않으면 안 되는 것은 이집트 사막에서 일어났던 기독교인들의 수도생활이다. 사막은 인간이 살 수 있는 조건을 갖추지 못한 곳이다. 낮에는 뜨겁고 밤이면 추워서 견딜 수 없다. 그러나 하나님은 그곳에 종을 불러 훈련시키신다.

수도생활이란 예수님의 말씀과 모범에 기초를 두고 복음적 청빈, 순결, 겸손을 실천하며 마음을 다하고 목숨을 다하고 뜻을 다하여 하나님을 사랑하는 생활이다.

이집트에서 일어난 수도 공동체 운동의 효시는 성 파코미우스 St. Pachomius, 286-346의 공동체이다. 최초의 수도원으로서 수도자들은 각자 목수, 농부, 목동, 바구니 짜기 등으로 나누어 일하며 원장의 지도를 받아 수도생활을 했다. 공동기도 시간으로 아침, 낮, 저녁 세 번 모여 시편을 외우고 취침 전에도 기도했다. 아마로 짠 옷을 입고 두건을 쓰고 염소 가죽 띠를 띠고, 식사는 검소했으며 술, 고기와 기름 요리는 금지했다. 생선이나 치즈, 과일, 야채를 빵과 함께 먹었다. 청빈과 순결생활을 서원했는데, 특히 장상長上에 대한 순종이 절대적이었다. 자신의 뜻을 버렸고, 조직과 복종을 위반하는 자에게는 벌을 내렸다.

사막의 다른 수도자들은 풀 한 포기, 나무 한 그루 없는 사막 속에서 사람 하나 거처할 초막을 짓고 손 노동을 하며 노끈을 꼬고, 바구니와 돗자리를 만들면서 끊임없이 눈물을 흘렸다. 눈물을 너무 흘려 무릎 위에 수건을 펴놓고 지낼 정도였다. 간혹 수도자들끼리 만나면 "웁시다. 이후 지옥에 떨어져 원통해 울기 전에 이 세상에서 눈물을 다 짜냅시다" 하며 서로 모래 바닥에 머리를 묻고 울었다.

"사막으로 가자"는 기독교사에 있어서 교회가 형식적으로는 부흥하지만 내면적으로는 몹시 부패 타락했을 때 참되게 믿으려는 이들로부터 시작된 구호이다. 이 구호는 우리들이 비장한 각오로 "옛 성인, 수도자들의 심정을 갖고 사막으로 가자. 입산하여 동굴로 들어가자. 골방으로 들어가 문을 닫고 은밀한 중에 하늘에 계신 하나님에게 기도하자. 밀실에 들어가 엎드리자. 지금은 그래야 할 때이다"라고 말하는 현대적인 의미가 된다. 도시를 떠나 은둔하지 못하겠거든 개인적 성무일과를 만들어 집에서 수도자적인 생활을 해야 한다. 도시생활을 광야적인 생활로 만들자. 출세욕과 성공욕을 버리라. 지식과 학위에 눈독 들이고 탐하지 말라.

::이집트 사막의 수도 교부들::

인간의 본능적인 욕망은 평안과 쾌락을 찾고 살기 좋은 장소와 풍요로운 땅을 찾아 이동해 다니는 것이지만, 수도자는 그런 인간 본성을 역류한다. 보다 거친 자연, 빈곤한 땅을 찾아다닌다. 대부분의 인간은 본능적인 동물 생활을 할 뿐이지만 수도자는 본능의 영역을 이탈하고 초월하려고 노력한다. 그래서 "아세떼"(고행자)가 되어서 "후가 데 데르또"(사막으로 가자)라고 한다.

우리말의 은사隱士나 일본어의 산복山伏처럼 영어의 monk(수도사)는 희랍어로 morak(혼자 사는 사람, 고독한 사람)에서 나온 말이다. 속세에서 탈출한 은수사를 의미한다. 이와 같은 탈출자들이 모여 공주생활共住生活, koinobion을 해도 그 방법은 침묵이다.

알렉산드리아 출신 마카리우스("행복한 자"라는 뜻: 300-391) 교부는 초인의 수도생활을 하였다. 어느 날 그가 수도하는 독방에 앉아 있는데 모기 한 마리가 날아와 그를 쏘았다. 마카리우스는 손으로 모기를 쳐 죽이고 곧 뉘우쳤다. 그는 스케테 습지에서 6개월 동안 알몸으로 고행하면서 그 습지에 사는 벌처럼 큰 모기들에게 쏘였다. 멧돼지 가죽도 뚫는다는 모기였다. 다시 수도 독방에 돌아왔을 때 그의 모습은 나병자 같았다고 한다. 그 시대 은수사들은 야수나 작은 동물, 곤충까지도 따뜻하게 대했다.

마카리우스는 세례를 받은 후 땅에 침을 뱉지 않았고, 험한 사막에서 7년 동안 생식을 하고 3년 동안 지극히 소량의 식사를 했다. 또한 20일간 자지 않고 40일간 단식하며 자리를 떠나지 않았고, 주일에는 생배추 잎만 먹고 살았다.

마카리우스 교부가 이집트 사막 스케테에 살고 있을 때의 일이다. 어느 날 젊은 형제 두 사람이 찾아와 절하면서 함께 머물고 싶다고 했다. 한 사람은 이제 막 수염이 나기 시작했고 또 한 사람은 수염도 나지 않은 애송이였다. 부유한 가정의 자녀들이었는지 몸이 몹시 허약해 보였다. 마카리우스 교부는 그들의 요청을 거절하면서 "여기에서 살 수 없다"고 했다. "그러면 다른 곳으로 가봐야겠다"는 말에 마카리우스는 빵이 가득 들어 있는 바구니와 곡괭이를 주면서 어느 바위 근처를 가리키며 거기를 파서 자리 잡고 습지에 가서 나무를 주워 지붕을 만들고 지내라고 했다. 그러면서 속으로는 너무 힘들어서 그들이 도망갈 거라고 생각했다. 젊은이들은 시키는 대로 하면서 3년을 지냈다. 그동안 마카리우스 교부를 한 번도 만나러 오지 않았다.

마카리우스는 그들의 동정이 궁금하여 기도하는 중에 찾아가서 저녁 대접을 받고 그날 밤 그들과 함께 잤다. 교부가 누워서 주께 그들의 행동에 대해 계시해 달라고 기도했더니 오두막 천장이 열리면서 대낮같이 환한 빛이 비쳤다. 형이 동생의 옆구리를 찌르더니 둘은 말없이 일어섰다. 홀연 마귀가 파리 떼 모습을 하고서 동생을 공격하여 그의 입에 들어갔는데, 그때 천사가 번쩍이는 칼을 들고 마귀를 쫓았다. 하지만 형에게는 마귀들이 접근도 못했다. 교부가 일어나 세 사람은 함께 시편 송독을 했는데 낱말을 발음할 때마다 동생의 입에서 빛이 나와 하늘로 올라갔다. 형이 외울 때는 입에서 굵은 밧줄 같은 불이 나와 하늘까지 치솟았다. 교부는 그것을 보고 형이 완덕에 나아가 있음을 깨달았다.

::조쉬 머스와 이집트 통회녀::

시내 반도에서 팔레스타인 쪽으로 가면 계속 사막과 광야가 연결되어 있다. 엘리야가 브엘세바에서 40일 40야를 걸어 호렙산까지 갔던 직선거리가 약 340킬로미터였다. 무인 광야의 물이 흐르지 않는 와디, 암곡, 계곡 등은 속인들의 침입을 거부하지만 은수사들을 부르는 가장 좋은 수도의 장소이다.

성 조쉬 머스는 요르단 광야에서 기도하는 중에 앞에서 사람인지 짐승인지 분간 못할 그림자가 지나가는 것을 보았다. 악마의 환상이라고 직감하고 두려워 가슴에 성호를 그으며 뒤따라갔다. 가면서 자세히 보니 그는 여자인데 벌거벗은 몸이 태양빛에 까맣게 탄 피부였고, 긴 머리칼은 양털 같은 백발이었다. 사람이라는 것을 확인한 후 뒤를 좇았다. 골짜기 맞은편 언덕으로 넘어간 그녀는 뒤돌아보며 "이 죄 많은 여인을 위해 기도해 주실 마음이 있거든 당신의 외투를 이리로 던져 주십시오"라고 말했다. 그녀는 조쉬 머스가 던져준 외투로 나체를 가리고 가까이 와서 자신의 과거를 이야기했다.

그녀는 이집트 항구 도시 알렉산드리아에서 미모 때문에 성적으로 타락해서 지극한 어려움에 잠겨 살았다. 악을 털기 위하여 예루살렘으로 가는 순례단에 동참하여 성지에 가서 어느 성당을 구경하는데 발이 땅에 붙어 들어가지 못하게 되었다. 그때 크게 깨닫고 요단강 동편 유대 광야에 들어가 47년간 참회생활을 하고 있다는 것이었다.

그녀가 요단강을 건널 때 가지고 간 것은 떡 두 개 반뿐이었다. 말라서 돌같이 굳어진 떡을 매일 조금씩 갉아 먹으면서 17년을 지탱할 수 있었다. 이집트에서의 쾌락과 범죄의 지난날을 생각하고 고민하면서 엄격한 단식과 기도의 수행을 하는 중 놀라운 능력을 얻어 요단강 물위를 걸을 수 있었고, 동물과 말을 할 수도 있었고, 만나를 먹고 살았다고 했다.

조쉬 머스는 그녀와 작별했다가 이듬해 약속한 대로 다시 그 계곡을 방문했다. 이미 그녀는 모래밭에 누워 두 손을 합장하고 얼굴은 동쪽을 향한 채 임종한 시체가 되어 있었다. 그 유해를 매장할까, 아니면 수도원으로 운반할까 망설이던 중 모래바닥에 쓴 글을 발견했다. "조쉬 머스 신부님, 불쌍한 마리아의 유해를 묻어 주세요. 흙은 흙으로 돌려보내고 먼지는 먼지로 덮어 주세요."

::갑바도키아의 비경::

시리아 동쪽에 메소포타미아 사막이 펼쳐져 있고 그 동북쪽에는 아르메니아 산악 지대가 있다. 이 사막과 산악 지대를 지나 흑해 연안까지 검은 수도복을 입은 수도자의 수는 점점 증가해갔다. 터키의 수도 앙카라에서 동남쪽으로 약 300킬로미터, 버스로 5시간쯤 가면 갑바도키아에 이른다.

갑바도키아의 비경秘境이야말로 속세에서 떨어진 성지로서 이보다

나은 곳이 없다. 이 지방은 겨울의 눈, 봄의 비 오는 시절을 제외하고는 일 년의 절반 이상 볕이 잘 드는 날이 계속되고, 물 있는 계곡을 제외하고는 초목이 없고 평지에 끝없는 광야가 이어진다. 이집트나 시리아의 사막과 비슷하다. 300만 년 전 화산 분화활동과 풍화작용으로 화산재와 용암에 덮인 채 긴 세월 동안 침식된 이 근처의 암산은 암질이 부드러워 손톱으로도 쉽게 동굴을 팔 수 있다.

주후 1세기에 초기 기독교도들이 비잔틴 제국의 박해를 피하기 위해 이곳을 은둔 수도처로 삼았다. 그 후 7세기경에는 이슬람의 위협을 피해서 기독교도들이 괴레메 계곡에 살면서 교회, 학교 등을 세우고 신앙을 지켰다. 지하도시의 거대한 유적이 지금도 남아 있다. 지하 도시의 유적은 지하 7층으로서 깊이가 55미터나 되는 거대한 것이다. 이슬람의 습격을 피하기 위하여 동굴 입구에 큰 돌이 놓여 있다. 지하 묘지와 물탱크, 그리고 동굴 간 연락 통로도 있다. 독수도자의 굴이 사방에 있고 수도자들의 동굴 성당, 공동 식당, 기름 공장, 암벽으로 물을 끌어들인 운하의 긴 터널까지 있으며, 방앗간 물방아도 돌린 듯하다. 4세기경 이 지역은 기독교 사회에 있어서 아주 중요한 역할을 했다.

동방 교회의 아버지라 불리는 가이사랴의 바실리우스329-379는 새 수도 규칙을 만든 사람으로 유명하다. 그는 동생인 닛사의 그레고리330-396와 친구인 나지안주스의 그레고리328-389와 함께 "갑바도키아의 세 별"이라고 불렸다. 이들이 활동한 시대는 기독교회사에서 갑바도키아의 전성기였는데, 이 세 사람이 이 지역 출신이다.

갑바도키아의 동굴 수도원은 산 계곡 양편 절벽 면에 수없이 많은 동굴을 파서 만든 것으로서 사다리를 타고 올라간다. 사람들의 접근을 차

단하기 위해서 사다리를 그대로 놓지 않고 끌어올렸다. 동굴의 입구는 작게 했다. 외적을 막으려는 의도도 있지만 동굴 속을 여름에는 시원하게 하고 겨울에는 따스하게 하려는 목적도 있었다.

독수도 굴에 있는 수도사가 이웃 동굴에 사는 수도자의 모습이 오랫동안 보이지 않아 이상히 여겨 사다리를 놓고 올라가 보면 어두운 굴속에 벌써 상당한 세월이 경과된 미라가 되어 있었다. 그 동굴의 주인공이 기도와 명상을 하다가 앉은 채로 죽은 미라다. 이웃 수도자는 정중하게 그가 앉은 자리 바닥을 파서 구덩이를 만들고 그 속에 죽은 수도자의 시체를 장사지내고 벽에 기도문을 써 준다. 조그마한 동글은 수도사의 수실이고 식당이고 기도의 제단이며, 죽어서는 그의 무덤인 것이다. 이렇게 수도자의 뼈가 발굴되는 동굴이 많다.

동굴 천장이나 벽에는 십자가, 물고기, 새, 포도 넝쿨, 태양, 비둘기, 뱀을 먹는 독수리, 사자에게 쫓기는 사슴, 세 송이 꽃이 핀 해바라기 등 수도자들의 영성을 상징하는 여러 가지 조각과 그림이 그려져 있다.

::샤를르 드 푸꼬::

샤를르 드 푸꼬는 1858년 9월 18일, 프랑스의 스트라스부르에서 태어났다. 어려서 양친을 여의고 신앙심을 잃고 살았다. 청년 시절에 육군사관학교를 졸업하고 장교가 되었다. 후에 북아프리카에서 일어난 반란군 진압을 위해 기병대 장교로 가 있었다.

제대한 후 학자로서 모로코 탐험을 하면서 모슬렘(이슬람교도)들이 깊은 신앙으로 하나님 현존 속에서 사는 모습을 보고 큰 감동을 받았다.

그는 "회교는 내 속에서 무엇인지 깊은 동요를 일으켰다. 신의 끊임없는 현존 속에 사는 사람들과 그들의 신앙을 엿보게 하였다"고 회상하였다. 그때부터 그는 하나님에게 눈을 돌리고 그리스도교 신앙을 회복하기 시작했다.

1886년 파리에서 위벨렝 신부에게 고해성사를 받고 그 신부의 권고로 성지순례를 하는 도중 나사렛에서 깊은 감동을 받았다. 예수님이 나사렛이란 숨은 동네에서 가난하고 비천한 목수로 사셨다는 사실이 푸꼬의 가슴속에 깊이 감명되어 특별한 성소聖召를 느끼게 했다. 지금까지의 생활을 숨김없이 전부 고백하고 몸을 일으켰을 때 그는 그리스도의 피로 모든 죄를 사함 받았다는 확신과 강하고 확고한 신앙을 다시 찾았다. 신부는 즉시 성찬을 베풀어 주었다.

1890년 위벨렝 신부의 권유로 트라피스트 수도원에 들어갔다. 하나님이 존재하신다는 것을 믿게 된 그는 다만 하나님을 위하여 살 수밖에 없다고 깨달았다. 그리하여 수도생활의 성소聖召를 느꼈다.

1897년 푸꼬는 특히 나사렛 예수님 닮기를 갈망하여 트라피스트 수도원을 떠나 나사렛에 가서 자기의 신분을 속이고 개혁 클라라회 수도원의 머슴으로 3년 동안 봉사했다. 푸꼬는 수녀원 마당 구석에 있는 폐물 창고에 자리를 펴고 자면서 머슴노릇을 착실히 했다.

개혁 클라라 수도원 현관에 한 개의 십자가상이 있고, 그 곁에는 "다만 하나님뿐, 하나님을 위하여 모든 것을 끊고 하나님의 품 안에서 나는 모든 것을 찾아냈다. 하나님을 사랑하며 하나님에게 바치는 것 이외에는 모든 것이 허무하다"는 현판이 걸려 있었다. 푸꼬는 기뻤다. "내가 오랫동안 꿈꾸고 있던 것이 이제야 비로소 완전히 실현되었습니다. 나는 가난한 수도 단체의 하인이며 시종입니다." 과거 어느 때도 지금만큼 행복한 때는 없었다. 지난날에 대한 미련이라곤 종이에 적는 글자 이외에는 아무것도 없었다. 수녀원 원장을 비롯하여 11명의 수녀들은 그의 이름이나 과거에 대해서 아무것도 물어보지 않았다. 모든 사람이 다만 그의 침묵과 자기의 과거를 잊어버리려 애쓰는 정열을 존경했다.

푸꼬의 이상한 풍채 때문에 동네의 장난꾸러기 아이들은 그를 조롱하고 어떤 때는 돌을 던지며 그를 쫓아다녔다. 그러나 푸꼬의 가슴에 꽉 찬 것은 "거룩한 굶주림"으로 다른 굶주림은 없었다. 정열로써 받아들이는 굴욕, 받아들이면 들일수록 자아를 죽이고 "옛 사람"의 뿌리가 그 밑바닥에서부터 뽑히는 것이었다. 사람이 신을 닮는 것은 위대성에 의해서가 아니라 비천성에 의해서이다.

푸꼬는 1900년까지 약 3년 동안 나사렛 클라라 수도원의 잡역부요 머슴으로 살다가 1901년 10월 아프리카의 베니 아베스로 갔다. 그는 그리로 갈 때 그동안 나사렛에 있을 때 입던 옷을 벗고 아프리카 지방의 토인들이 입는 옷을 입었다. 그 지방 사람들과 그들의 비참성과 우정을 나누고 싶어서 그런 것이다.

아프리카에 가서도 나사렛에 있을 때와 마찬가지로 혼자 고독하게 하나님과 대면하는 사막에서 살기 위하여 마을에서 떨어져 지냈다. 그러나 아주 멀리 떨어지지는 않았다. 은수사로 울타리 속에 은둔해 살려고 했지만 그를 만나고 싶어 하는 사람이면 누구나 맞아들이려고 그의 은둔소 입구는 항상 열려 있었다. 길을 갈 때든지 다른 사람들과 같이 생활할 때든지 바로 그 생활을 통해 관상생활을 했다.

푸꼬는 십자가의 성 요한의 책을 읽으면서 영감을 얻었다.

"영혼이 눈에 보이는 것에 끌려 나가거나 방해받지 않고서 똑바로 확실하게 하나님에게 올라가는 데 편리한 것은 고독하고 풍경이 준엄한 장소이다"(십자가의 요한).

"하나님의 은총을 얻으려면 사막을 지나가고 사막에 머무르지 않으면 안 됩니다. 즉 자기를 무無로 하며 자기 가운데서 하나님이 아닌 모든 것을 몰아내고 하나님에게만 모든 자리를 옮겨 드리기 위하여 우리의 영혼이라는 이 집을 완전히 비게 할 수 있는 것은 사막입니다. 히브리인들은 사막을 지나갔으며 모세는 사명을 받기까지 사막에 살았습니다. 바울과 황금의 입이라는 요한도 역시 사막에서 준비하였습니다. 이것은 은총을 입었을 때이며, 열매를 맺으려는 사람은 누구든지 반드시 거쳐야 할 시기입니다. 그들에겐 이 침묵, 이 잠심潛心, 그리고 모든 피조물을 잊어버리는 일이 필요합니다. 이 속에서 비로소 하나님이 지배하기 시작하시고 이 시기에 내적 정신이 만들어집니다"(십자가의 요한).

그는 베니 아베스에서 500미터 지점 암석 고원 속 약간 낮은 땅을 사서 그곳에 집을 지었다. 먼저 지은 것은 성당이었다. 초라한 건물이어서 높이 걸어놓은 작은 나무 십자가가 없었다면 알제리 토민의 오두막집과 마찬가지였다. 성당 곁에 작은 방을 다섯 개 지었다. 하나는 푸꼬 자신이 거처할 독방이요, 두 개는 손님방이었다. 다른 두 개는 그가 늘 기대하고 있는 가상적 동지를 위한 것이었다.

푸꼬는 봉쇄된 울타리 안의 생활을 하려고 그 건물에 접해 있는 토지에 한계선을 긋고 넘어가지 않았다. 서쪽에 있는 낮은 땅에는 보리를 갈았다. 우물 몇 개를 파서 곡식에 물을 줄 수 있었다. 그는 관리국에서 주는 빵과 야자열매로 살았다. 거기서 푸꼬가 "주여, 나는 불초한 자입니다"라고 기도할 때, 그 어조는 눈물을 흘리고 싶어질 정도였다.

베니 아베스에서 푸꼬는 은둔소에 틀어박힌 채 밤에는 자지 않고 기도하면서 십자가의 성 요한과 아빌라의 성녀 테레사의 글을 읽었다. 빈민과 병자들과 나그네들이 한 시간에 10회 이상 그를 찾아왔다. 그 지방의 노예들은 거의 종교도 없이 서로 증오와 절망 가운데 살고 있었다. 노예 주인들은 노예들이 게으르면 몽둥이로 때렸고, 도망친 노예를 쫓아가서 산 채로 잡으면 다시는 도망치지 못하도록 발의 힘줄을 끊어놓았다.

푸꼬는 묵상 중에 자기의 사랑이 불충분하다는 것을 깨닫고 "가난한 사람들의 속옷을 빨아 주고 되도록이면 방 청소를 자기가 할 것, 집안의 가장 비천한 일은 남을 시키지 않고 자신이 할 것, 토인들이 쓰고 사는 집을 항상 청결하게 해둘 것, 봉사라면 무엇이든지 스스로 받아들일 것, 제자들 가운데서 섬기는 봉사를 자처하신 예수를 닮을 것"을 결심했다. 노예들은 단번에 그것을 알았다. 그들은 사랑의 집으로 모여들었다. 하루에 20명은 찾아왔다. "사하라의 불꽃"이라고 불리는 푸꼬는 "예수가 아닌 모든 것에는 죽어야 한다. 썩지 않은 밀은 한 알 그대로 있는 까닭이다"라고 말했다.

"극도로 기진맥진한 그 시간에 주 예수는 세상을 구원하셨다"는 십자가의 성 요한의 말을 푸꼬는 자주 인용하면서 "우리의 쇠약은 우리가 예수와 결합하고 영혼들에게 유익한 일을 할 수 있는 가장 힘 있는 방법이다"라고 했다.

1915년 9월 7일에 그가 쓴 글에는 "내일이면 내가 단렛사에서 미사를 드린 지 10년이 된다. 그런데 한 사람도 입교한 사람이 없다. 기도하고 일하고 인내를 가져야 한다"라고 쓰여 있다.

샤를르 드 푸꼬 신부는 58세 때인 1916년 12월 1일 혼자 있다가 술탄 군주 야하무드의 유격병들의 습격을 받았다. 모두 세누시스 교도들이었다. 그중 푸꼬를 결박해서 감시하고 있던 15세 소년병이 미친 듯 날뛰며 총으로 신부를 쏘았다. 탄환은 신부의 오른쪽 귀에서 왼쪽 눈으로 빠져나가 벽에 맞았다. 신부는 몸이 결박된 채로 천천히 땅에 쓰러졌다. 순교할 때까지 푸꼬는 말없이 죽음과 그리스도만을 기다리고 있었다. 폭도들이 가버린 후에 농민들과 그를 아는 사람이 푸꼬의 몸의 결박도 풀지 않은 채 방어소의 구덩이에 묻었다.

::까를로 까레또::

이탈리아 가톨릭 액션협회 회장인 까를로 까레또 교수는 1954년에 샤를르 드 푸꼬의 작은형제회에 입회하여 10년 동안 사하라 사막에서 관상생활을 했다. 그는 21세 때 죄를 고백하면서 신부 앞에 무릎을 꿇었을 때 "너는 결혼하지 말라"는 하나님의 음성을 들었다. 그리고 23세 때 "너는 나와 함께 사막으로 가자"는 하나님의 음성을 들었다.

푸꼬가 말한 대로 "나는 나사렛 예수님의 숨은 생활에 머물러 살기 위해 사하라 사막에 사제로 배정받아 왔다. 설교하기 위해서가 아니라 고독의 생활, 가난한 생활, 예수님의 겸손한 일을 하기 위해서이다. 말씀으로써가 아니요 기도로써 사랑의 훈련과 실천을 하기 위해서…"를 실천하게 되었다.

세상에서 가톨릭 액션협회 회장으로, 교사로 활동하는 동안 까를로 까레또 신부는 스스로를 하나님의 큰 종, 큰 일꾼이라고 생각했다. "그동안 세상에서 나는 스스로를 교회를 떠받들고 있는 중요한 기둥이라고 생각했다. 내가 빠지면 큰일 날 줄 알았다. 나는 나 자신을 끊임없이 투쟁하는 투사라고 생각했다. 내가 해야 할 일이 그렇게도 많았다. 언제나 시간이 부족했다. 자주 모임을 가졌고, 사람들을 만나고, 영혼을 구하기 위해 동분서주해야 했고, 그 때문에 내가 드리는 기도는 성급히 끝나고 대화는 짧아졌다. 내 마음은 해야 할 일거리들로 늘 들떠 있었다"라고 그는 고백했다.

까레또는 자기가 맡은 중요한 가톨릭교회 지위와 책임을 위해 몰두하던 어느 날 "너는 나와 함께 사막으로 가자. 나는 너의 활동을 원치 않는다. 너의 활동보다 너의 기도를, 그리고 너의 사랑을 원한다"는 하나님의 음성을 들었다. 그는 즉시 모든 것을 버린 후 가방 하나 들고 사하라 사막에 들어갔다.

까레또는 자기가 그렇게 모든 책임과 활동을 집어치우고 빠져나가면 가톨릭교회 운동에 큰 차질이 생길 줄로 짐작했다. 그러나 전혀 뜻밖이었다. 그는 말하기를 "내가 빠져나왔는데 이상하게도 모든 것은 동요 없이, 아무 차질이 없이 그대로 남아 있었다. '나'라는 중요한 받침대가 없어졌는데도…. 그때 나는 깨달았다. 세상 모든 문제 도든 무게는 그리스도 십자가 위에 놓여있다는 것을…. '나'라는 존재는 아무 것도 아니라는 사실을…. 나는 정말 아무것도 아니었다"고 했다.

까레또는 모든 것을 버리고 들어간 사하라 사막에는 오래 전 푸꼬가 혼자 들어가 수도하던 자리가 있었다. 마중 나온 수도원 수련장이 사막에서 까레또를 처음 만나자마자 한 인사말은 "까레또 씨, 모든 것을 버리시오"였다. 모든 것을 버리고 왔다고 생각했는데 아직도 버릴 것이 더 있었다.

까레또는 마음으로 "예" 하고 손에 든 가방을 땅에 놓고 그 속에서 노트 한 권을 꺼냈다. 거기에는 자기가 아는 사람들, 친구, 친척 등의 주소가 있었다. 사막에 들어가서도 편지로 연락하려는 참이었다. 그는 그것을 모래밭에 놓고 성냥을 그어 불을 질렀다. 이제는 친척이나 친구에게 편지할 수도 없게 되었다. 새벽마다 기도하는 제단 앞에서만 그들을 위해 기도할 따름이다.

사하라는 아프리카 북부에 있는 세계 최대의 사막이다. "사하라"란 말은 "아무것도 없다"는 뜻이다. 동서로 약 5천 킬로미터, 남북이 1천 5백 킬로미터나 되고 산맥, 고원, 저지대로 이루어졌다. 3천 미터 이상의 고지대가 있는가 하면 해저 이하로 낮은 지대도 있으며, "와디"가 많고 참 사막은 전체 면적의 1할 정도밖에 안 된다. 여러 해 동안 비 한 방울도 안 오는 때가 많은 건조지대로서 기후의 변화가 심하다. 낮 기온이 섭씨 50도 이상 되고 밤이면 영하의 기온이 된다. 그러나 사막 속에 오아시스가 있어 거기에는 대추, 야자, 오렌지, 무화과 등이 무성하고 취락을 이루어 대상의 숙박소도 있다. 주민은 아랍인이 가장 많고 그 밖의 모두가 유목민이다.

까레또의 기록에 "지독한 열기다. 자동차 라디에이터의 물도 벌써부터 끓어올랐으나 바람이 불어 식혀 주어서 겨우 움직일 수 있다. 뜨거운 바람이 남쪽에서 불어 와 두통을 일으킨다…"고 했다.

"후가 데 데르또"–사막으로 가자. 하나님이 까레또에게 "모든 것을 버리고 나와 함께 사막으로 가자. 나는 너의 활동을 원하지 않는다. 활동보다 너의 기도를 원한다. 그리고 너의 사랑을…"이라고 하신 대로 그는 모든 것을 버리고 사막으로 들어가 도시생활에서 상상도 할 수 없는 영성의 무르익음을 체험했다. 사막은 체험의 장소이다.

> "나는 하나님이 오시는 하나님이라는 사실을 깨달았다. 그래서 기다렸다. 기도는 내게 있어서 기다림을 뜻한다. 매일의 삶 속에서 하나님을 기다리는 내 자세는 과연 어떤 것인가?"

까를로 까레또는 사하라 사막에서 10년 동안 기도와 관상생활을 하다가 1964년 이탈리아로 돌아와 아씨시의 스펠로에 기도와 묵상 센터를 설립하였다.

그때 중국 상해에 살고 있는 중국인 학도가 까를로 까레또에게 편지를 보내기를 "저는 이 도시의 혼잡한 거리에서 저의 하나님을 찾아야겠습니다. 도대체 여기서 하나님을 찾는 일이 가능할까요?"라고 물었다. 젊은이는 대도시의 한복판에서 하나님과의 일치, 절대자와 친숙할 수 있는 생활, 마음의 평화와 기쁨을 누릴 수 있는 방법, 눈에 보이지 않는 신비의 현존, 신의 현실성, 영달 등을 추구할 수 있도록 도와 달라고 요청했다. 까를로 까레또는 그것이 쉬운 일이 아니라는 사실을 전제로 하고 다음과 같은 글을 써 보냈다.

> "현대인을 에워싸고 있는 이 암흑을 극복하기 위해 믿는 이들을 그 생애의 한창 때 덮치곤 하는 '정오의 마귀들'을 어떻게 막을 수 있을까요? 그것은 광야… 광야… 광야입니다! 이스라엘 민족이 이집트에서 해방되어 젖과 꿀이 흐르는 가나안 복지로 가려면 그 중간에 광야를 거쳐야 했습니다. 약속의 땅, 자유의 세계로 가는 길은 광야를 거쳐야만 합니다."

까를로 까레또가 모든 것을 버리고 사하라 사막에 은둔해 지낸 10년은 그의 영성을 위해 말할 수 없는 행복의 시간이었다. 그런 행운을 받은 자는 저희가 광야에서 묵묵히 하나님을 찾는 고요한 구도를 의미한다. 물론 고요한 침묵의 광야는 뛰어난 기도이다. 이 기도를 통해 하나님의 현존에 접하고 관상의 영봉靈峰에 도달하게 된다. 사하라 사막에 은둔해 영성생활을 할 수 있는 길은 최상의 길이다. 그러나 사람이 광야로 갈 수 없을 때는 광야가 사람에게 올 수 있다.

까레또는 이어서 "당신은 어디서나 광야를 발견할 수 있다. 물론 도시에서도 광야를 발견할 수 있습니다. 우리는 스스로 자기 생활에 광야를 끌어들여야 합니다. 도시 안에 그대의 광야를 창조하십시오. 그대의 집 안에, 정원에, 다락방에…"라고 젊은이에게 충고했다.

광야는 "인간의 부재不在"를 의미하는 것이 아니라 "하나님의 현존現存"을 의미한다. 도시 심장부에 광야를, 대도시 자체 안에 고요를 간직하고 빌딩 숲, 자동차 홍수, 아스팔트 거리에 사막을 만들라. 모든 곳이 하나님의 성소요, 하나님이 현존하시는 성역이다.

까레또는 기차를 탈 때면 그곳을 바로 기도의 자리로 삼았다. 차 안의 떠드는 소리, 웃음소리, 담배 연기, 무질서, 혼잡한 그 구석에 앉아서 그런 것에는 전혀 신경을 쓰지 않고 성경을 읽으며 눈을 감고 하나님과 이야기하며 말씀에 귀를 기울였다. 일심불란一心不亂의 삼매경三昧境에 빠졌다. 주님을 열망하는 가슴이 사랑으로 불타야 귀일歸一의 삼매경을 조성했다. 마치 젊은 연인들이 열차 안에서 사랑으로 혼연일체가 되어 밀어를 속삭이며 주위의 소란도 아랑곳없고 사람들의 눈총에도 마음을 쓰지 않듯이 그렇게 하나님과 속삭였다.

주님에 대한 애정과 내 마음을 바꾸기만 하면 된다. 그렇게만 할 수 있다면 도시 속에서도 광야의 생활을 할 수 있다. 기도는 머리로 하는 것이 아니요 마음으로 한다. 매일 관상기도를 연습하라. 도시 생활, 분주한 목회생활, 내 주위를 광야로 만들라. 예수 한 분만 사랑하기 위해 태어난 목숨이다.

3 중세의 영성

::성 어거스틴::

성 어거스틴 St. Augustus은 그의 『고백록』과 『신국론』으로 널리 알려진 성자요 수도자요 신학자이다. 그는 주후 354년 11월 13일 북아프리카 누미디아의 타가스테에서 출생했다. 그의 혈통은 로마인이요 아프리카인이었다. 부친 파트리키우스 Patricius는 이교도이고 모친 모니카 Monica는 열심 있는 기독교 신자였다.

어거스틴은 부친의 육정적 기질을 닮은 면도 있고 모친의 경건한 영성을 닮은 면도 있어서 영육간의 싸움이 그의 몸 안에서 치열하게 일어나고 있었다.

초등학교 시절에는 착실하게 공부하지 못해서 선생에게 매를 자주 맞았다. 매 맞지 않게 해달라고 하나님에게 기도하기까지 했다. 17세 때 부모의 곁을 떠나 카르타고에 가서 공부했다. 카르타고는 그 당시 아프리카 최대의 도시로서 젊은이들에게 유혹이 많았다. 어거스틴은 그곳에서 한 여자와 교제하여 아데오다투스라는 아들을 낳았다. 19세에 아이 아버지가 된 것이다.

그 시절부터 후일 암브로시우스에게서 세례 받을 때까지의 청년 시대 17-18년은 육신의 노예생활을 한 기간이었다. 그러나 우리가 보통 생각하는 것같이 완전히 육욕의 노예였다고 보는 극단적인 타락은 아닌 것 같다.

어거스틴은 카르타고에 사는 동안 수사학 공부를 하면서 마니교를 믿었다. 마니교는 이원론적 종교로서 어거스틴에게 오랫동안 큰 만족을 주었다.

20세 때인 374년에 내연의 아내와 두 살 난 아들을 거느리고 고향 타가스테에 돌아와서 많은 제자들을 모아 수사학을 가르쳤다. 그러나 2년 후 카르타고에 되돌아갔다. 383년에는 모친의 반대를 무릅쓰고 카르타고를 떠나 로마로 갔다. 로마에서는 열병을 앓았고 사상적으로는 회의에 빠졌다. 예기했던 대로 좋은 학생도 얻지 못해서 불쾌해 하다가 북이탈리아 밀라노에 수사학 교사로 초빙되었다. 밀라노는 로마에 비길 만한 중요한 도시로서 황제의 궁전도 있었다. 거기서 어거스틴은 당시 밀라노 사교司敎로 있었던 암브로시우스를 알게 되었다. 모친 모니카는 어거스틴의 제자와 함께 아프리카에서 밀라노까지 찾아왔다. 모니카도 교회에서 암브로시우스의 가르침을 받았다.

밀라노에서도 어거스틴은 여전히 이중적 생활 속에 고민했다. 정신적 욕구와 물질적, 세속적 명성에의 욕망과 부친의 기질에서 계승한 성적 욕정도 그에게서 떠나지 않았다.

밀라노에서 그의 사회적 지위는 상당히 높았는데 거기에 비해 그의 결혼생활은 어울리지 않았다. 경제적인 부담도 그의 수입에 비해 너무 컸다. 이 같은 상황 속에서 모친 모니카의 권면도 있었고 때마침 어느 부잣집 딸이 지참금을 가지고 그와 결혼하려고 했기 때문에 어거스틴은 카르타고에서부터 사랑해 온 창녀 출신의 내연의 아내를 혼자 아프리카로 돌려보냈다.

이때 어거스틴이 결혼하려던 처녀는 너무 어려서 2년이 지나야 결혼 연령에 이르기 때문에 그 사이 어거스틴은 또 다른 여인과 관계를 가졌다. 『고백록』에는 이 사실을 비교적 간단하게 기록했지만, 이 비행이 그의 일생에 가장 큰 오점이었다.

그러나 밀라노에서의 이런 생활 한편 구석에서 회심이 서서히 움트기 시작했다. 어거스틴은 결코 돌발적인 회심을 한 것이 아니었다. 특히 그에게 생애 전환의 동기를 준 것은 신플라톤 학파의 저술이었다. 그는 빅토리누스의 라틴 번역본을 읽으면서 그의 회심에 크게 감동했다.

어느 날 어거스틴은 고향인 아프리카에서 찾아온 사람에게서 이집트 수도자 안토니의 이야기를 들었다. 감동해 들으면서 자신의 현재 생활이 더럽고 비천하다고 느끼고 꼬부라진 성질을 반성하며 아연히 놀랐다. 쥐구멍이라도 있으면 숨고 싶은 심정이었다. 얼굴색까지 변했다. 이렇게 해서 그의 유명한 회개가 서서히 시작되었다.

마니교에 대한 의문이 일어나고, 밀라노에서 암브로시우스에게 감동되고, 자기 번민을 기독교 신부 심프리키아누스에게 고백하며 기독교인으로서의 태도를 갖게 되었다. 특히 신플라톤 철학과 수도자 안토니의 생활은 정신적으로 거의 결정적인 변화를 가져다 주었다.

386년 7월, 이 회심 후 어느 산 속에 있는 친구의 별장에서 몇 개월 동안 두문불출하면서 새로운 생애의 해산의 고민을 치르고, 387년 3월 다시 밀라노에 돌아왔다. 4월 24일 부활절에 외아들 아데오다투스와 친구 알리피우스와 함께 암브로시우스에게서 세례를 받았다.

그의 어머니 모니카는 아들이 방종하여 사생아까지 낳고 마니교에 심취하여 미혹에 빠져 헤매는 모습을 보면서 아들의 회개를 위해 눈물의 기도를 계속했다. 386년경 어머니는 자신을 속이고 로마로 도망친 아들을 찾아 긴 여행을 한 끝에 밀라노에서 아들을 만났다. 밀라노에서 유명한 주교 암브로시우스를 알게 되어 아들의 회개를 위해 눈물로써 도움을 간청했을 때 주교는 "눈물의 아들은 망하지 않습니다"라는 유명한 충고를 해주었다. 어머니는 이것을 계시처럼 받고 위로와 새 기대를 가지고 계속 열심히 기도하였다.

387년 부활절에 17년 긴 세월 아들을 위한 기도가 성취되어 아들이 세례를 받는 모습을 감격의 눈물로 바라보게 되었다. 어거스틴이 세례를 받은 다음 날 고향 사람인 수오디우스Suodius가 궁정에서 일하던 것을 그만두고 기독교를 위하여 전적으로 헌신할 결심으로 아프리카로 돌아가려 했을 때 어거스틴도 그와 함께 가족을 데리고 밀라노를 떠났다.

아들의 회개를 보고 기뻐하던 어머니 모니카는 함께 오스티아에서 아프리카로 가는 배편을 기다리고 있다가 중병이 들어 세상을 떠났다. 아들의 회개를 보고 어머니로서의 임무를 마치어 세상에 더 할 일이 없었던 모양이다.

어머니의 별세 때문에 어거스틴은 아프리카로 가는 일을 잠시 연기하고 로마에 가서 몇 권의 책을 썼다.

388년 8월 로마를 떠나 카르타고에 갔고, 다시 고향 타가스테로 갔다.

어거스틴은 부친이 남겨둔 얼마 안 되는 유산을 청산하여 가난한 사람들에게 나눠 주고 몇 명의 친구들과 함께 최초의 어거스틴파 수도원을 세웠다. 처음에는 소수의 모임에 지나지 않았지만 후에는 매우 발전했고, 오늘날까지 어거스틴파 수도원이 존재하고 있다. 타가스테에 있는 동안 그가 지난날 방탕생활하면서 낳은 아들 아데오다투스는 병들어 죽었다.

391년 힙포에 머무는 동안 그 지방 기독교인들의 권면에 못 이겨 사제가 되고 제2의 수도원을 세웠다. 라틴 교부의 일인자로서 어거스틴의 본격적인 성직 활동이 여기서부터 시작된 것이다. 그의 명성이 높아지자 396년에 힙포의 사교司敎가 되었다. 이 시대 이후 그는 충실한 그리스도의 종으로서의 생활을 시작하여 이단과 논쟁하고 정통적 기독교를 확립했다. 일생에 저술한 책이 93권이나 되었다.

로마에 만족이 침입하여 인심이 불안에 떨 때에 그는 최대의 저술『신국론』을 썼다. 429년 5월에 약 천 명의 반달족과 아라니 만족이 누미디아에 침입해 들어왔다. 어거스틴이 사는 힙포 거리도 약 14개월 동안 그들에게 포위되었다. 어거스틴은 만족들의 아우성을 들으며 지상의 로마는 멸망하나 천상의 신령한 하나님 나라를 동경하면서『신국론』저술을 마치고 그들 포위 속에서 운명하였다. 이때가 430년 8월 28일, 그의 나이 77세였다.

세상을 떠날 무렵에는 의사와 식사를 시중하는 사람 외에는 병실 출입을 금지케 하고 고요히 기도 속에서 하나님과 함께 있으려 했다. 의사가 책 읽는 것을 금했기 때문에 참회의 시편을 양피지어 큰 글씨로 쓰게 하여 벽에 붙여 놓고 누워서 읽으면서 명상하고 눈물을 흘렸다.

임종하는 날 저녁 어거스틴은 사제들과 친구들이 병상 곁에서 기도하는 동안 마지막 숨을 거두었다. 성밖에서는 반달족이 힙포 거리에 최후의 공격을 하고 있었다. 어거스틴은 아무런 유언도 남기지 않았다. 그러나 그가 남긴 많은 가치 있는 영성의 글들은 어느 강도나 반달족도 파괴할 수 없는 만세의 보화들이었다.

::어거스틴의 사상::

신을 사모함
내가 당신을 사랑하게 된 일은 너무 늦었습니다.
가장 오래전부터 계시며
그러면서도 언제나 새로우신 아름다움이시여,
당신을 사랑하게 된 것은 너무 늦었습니다.
보소서, 당신은 이미 내 안에 계셨습니다.
그런데도 나는 밖에 있으면서
거기에서 당신을 찾고
당신이 창조하신 그 아름다움 속에
나는 추악하게도 전락했습니다.

당신은 나와 함께 계셨는데도
나는 당신과 함께 있지 못했습니다.
당신 안에 있지 못하고서는

전연 존재할 수 없는 것이
당신에게서 나를 멀리 갈라놓았습니다.
당신께서는 나를 소리쳐 불러
나의 귀머거리를 깨쳐버리셨습니다.
당신은 찬란하게 빛을 발하셔서
나의 소경됨을 떨쳐버리셨습니다.
당신은 훈훈한 바람을 지으셨습니다.
나는 당신을 그리워 사모합니다.
나는 당신을 맛보고는
당신을 주리고 목마르게 갈망합니다.
당신이 나를 어루만져 주셨기 때문에
나는 당신의 평화에 가슴이 불타오릅니다.

신께 접근하는 일

하나님은 어디에나 계시고 어떠한 장소에도 제한받으시지 않는다. 그런 고로 장소에 의해 하나님에게 접근한다는 것은 있을 수도 없고, 또한 장소에 의해 하나님에게서 멀어진다는 법도 있을 수 없다. 하나님에게 가까워진다는 것은 하나님을 닮는 일이요, 하나님으로부터 멀어진다는 것은 하나님을 닮지 않게 되는 일이다

자기를 초월하라

육체를 초월하고 정신을 이해하라.
정신을 초월하고 신을 이해하라.
정신을 초월하지 못하면 신에게 도달할 수 없다.

하물며 육체에 파묻혀 있으면서 신께 이를 수 있는가?
육체에 집착하고 있는 사람들은 하나님을 이해하는 일에 있어서 얼마나 멀리 떨어져 있는 것인가?
정신에 집착해 있어도 아직 거긴 신이 계시지 않으니까.
육체를 이해할 때 그 사람은 신에게서 멀리 떠난다.
육체와 정신의 차이는 크지만, 정신과 신의 차이는 더욱 크다. 그대가 마음에 자리를 잡고 있을 때에는 중앙에 있는 것이다. 거기서 내려다보면 육체가 있고, 거기서 올려다보면 신이 계시다. 그대를 육체에서 높여라. 그대 자신을 초월하라.… 나를 창조하신 분은 내 위에 계시다. 자기를 초월하는 자 아니고는 누구나 신께 도달할 수 없다.… 이 일을 해낼 수 없는 일로 생각하지 말라.

신비적 인식

신은 외면적이고 감각적인 것에 의해 인식되는 것이 아니요, 내면적인 것에 의해서만 인식된다. 내면적으로 인식되는 것이긴 하지만 그것은 마치 외면, 감각적 인식이 가진 것 같은 일종의 감각적인 확실성으로 마음에 파악된다. 그것은 관념적인 인식이 아니요 일종의 경험적이고 신비적인 인식이다.
어거스틴은 다음과 같이 말했다.
"내가 나의 하나님을 사랑할 때 나는 일종의 빛, 일종의 소리, 일종의 향, 일종의 식물, 일종의 포옹을 사랑한다. 하나님은 나의 내적 인간의 빛, 소리, 향, 식물, 포옹이시다. 거기서는 어떠한 공간도 용납될 수 없는 것이 그 영혼에 빛나고 시간도 가져갈 수 없는 것이 울리고, 바람이 불어 보낼 수 없는 것이 향기롭고, 먹어도 없어지지 않는 것을 맛보게 되고,

가득 차도 싫어지지 않는 것이 고착固着되어 있다. 내가 나의 하나님을 사랑할 때 사랑하는 것은 이것이다.… 내게 있는 육체와 영혼들이 하나는 밖으로, 또 하나는 안으로 존재한다. 이 두 가지 중 어느 것으로 나의 하나님을 찾을 것인가? 내적인 것이야말로 뛰어나다. 영인 내가 나의 육체의 감각에 의해 아는 것이다. 물체계에서 신체를 매개로 해서 감각하는 영혼에로, 다시 영혼에서 신체의 감관感官이 외계를 일게 하는 내적 능력에로-이 내적 능력에서 신체의 감관에 의해 받은 것을 다시 판단하는 사유 능력에로 나갔다. 이같이 하여 떨리는 한 순간의 번쩍임에서 나는 '존재하는 이'에게 도달했다."

나는 너의 구원이다

나의 주 나의 하나님이여,
불쌍히 여기사 나에게 말씀하소서.
당신은 나에게 대해 무엇임을, 나의 영혼에 말씀하소서.
"나는 너의 구원이라"시 35:3고
내가 들을 수 있게 말씀하소서.
나는 이 목소리를 따라가 당신을 붙잡으리이다.

무한하신 하나님

"하나님을 찾으라 그러면 너의 영혼이 살 것이다"시 69:32.

우리는 그분을 찾기 위해 그분을 찾자. 그분을 찾았을 때도 계속 그분을 찾자. 그분은 우리가 발견하려고 구하게 하시기 위해 숨어 계시고, 찾아냈어도 계속 찾게 하기 위하여 무한하시다. 그분은 구하는 자가 그분을 파악하는 정도에 응해 구도자를 만족케 하신다. 그리고 발견자가 다시 더 많이 파악하려고 개시하는 경우, 다시 새로이 채워 자기를 구하도록 그 발견자의 능력을 더욱 강화시키신다.

신 자신을 구하라

이것저것 모든 것을 주께 구하면서도 주님 자신을 구하지 않는 것은 인간들이 흔히 저지르는 실수이다. 그것은 마치 선물을 주시는 주님 자신보다 주께서 주시는 선물을 더욱 감미로운 것으로 여기는 것과 같다.… 진실로 하나님은 주님 자신을 구할 때 그대에게 응답하시지만, 하나님에 의해 하나님 이외의 딴 것을 요구할 때는 들어주지 않으신다.

::성 베네딕도::

성 베네딕도St. Benedictus, 480-547는 480년경 이탈리아 중부의 시골 마을인 누르시아의 상류 가정에 태어났다. 일반적인 교육 과정을 마치고 로마에 유학하려고 상경했다. 그러나 당시의 로마는 퇴폐한 도시여서 금방이라도 하늘에서 불이 내려올 것 같은 두려운 느낌이 들어 베네딕도는 오직 하나님을 찾는 생활을 하려고 학문 탐구를 단념하고 세상을 버리고 부친의 재산도 버리고 수도자가 되려고 결심하였다. 그래서 그는 로마 근처에 있는 스피아코 산 절벽 동굴 속에 들어가 은수사가 되었다. 로마에서 이미 연애의 경험도 가졌던 것을 볼 때 그는 청년기에 들어간 듯하다.

스피아코 동굴 속에서 고독한 가운데 짐승같이 엎드려 3년 동안 세상에 나오지 않고 기도하는 중 그는 여러 가지 시험과 싸웠다.

청년 베네딕도가 기도하는 동안 그 산중에서 수도생활을 하던 로마노프라는 노인이 매일 자기가 먹을 빵을 베네딕도가 있는 절벽 동굴 앞까지 내려뜨려 놓고 흔들어 끈에 매달린 종이 짤랑짤랑 소리가 나면 기도하던 베네딕도가 그것을 받아먹고 살았다.

어떤 때는 기도하는 동굴 속으로 굴뚝새가 날아 들어와 기도를 방해하더니, 그 새가 나가자 굴 밖에서 아리따운 여자가 간드러지게 웃으면서 "이제는 기도를 그만하고 함께 로마에 가서 재미있게 삽시다"하고 유혹했다. 그녀를 따라 굴 밖으로 나와 보니 여자의 모습은 없어졌다. 악마가 청년 베네딕도의 정욕이 불같이 일게 유혹한 것이다. 베네딕도는 기도하다가 그런 유혹에 흔들린 것이 원통해서 옷을 벗고 찔레밭에서 구르며 피투성이가 되기까지 회개했다. 그 후 다시는 그런 시험을 받지 않았다.

3년간의 기도를 끝내고 그는 그 근처 어느 수도원의 원장이 되었는데, 그가 원장이 된 것을 질투하는 수도자들에게 미움을 받아 독살 당할 뻔했다. 독약을 탄 포도주를 마시기 전에 늘 하던 대로 가슴에 십자가 성호를 그으니 이상하게도 포도주 잔이 깨져서 독살을 면한 것이다.

그 후 베네딕도는 스피아코에 각각 수도원장을 가진 12개의 작은 수도원을 세웠다. 그리고 그 자신은 열세 번째 세운 수도원에서 수련자를 양성했다.

그는 529년경 근처 수도원의 주임 사제 프로렌티우스의 박해를 받았고, 또 자기를 찾아오는 수련생의 수효가 매일 증가하여 장소가 좁았기 때문에 그곳을 떠났다. 그는 나폴리 북방에 있는 카시노 산으로 옮겨가서 원래 있던 아폴로 신당을 헐어버리고 그 자리에 수도원을 세웠다. 거기서 그는 수도자들과 함께 노동하고 밤이면 기도로 철야하면서 수도원을 경영했다. 또한 근처 마을 사람들에게 복음을 전하고 기근과 질병에 시달리는 가난한 사람들을 구제했다.

542년에는 고트족이 침입했는데, 그 임금 "토티라스"가 베네딕도를 방문해서 그의 교훈을 받고 그 후에 고트족의 야만적인 잔혹함이 완화되었다.

베네딕도는 540년경 유명한 수도원 규칙을 작성했다. 세계의 모든 수도원 규칙의 기초가 되는 베네딕도 규칙은 일명 거룩한 규칙이라고 하는데, 모두 73장으로 구성되었다. 수도원의 조직, 기도의 시간, 노동의 시간, 기독교적 덕의 훈련, 전례, 과실에 대한 벌칙 등을 규정하여 숭고하고 겸허한 수도생활을 교훈하며, 수도자를 그 수도원 안에 정주定住케 하는 것이었다. 성 베네딕도의 규칙은 점차 서구 여러 지방에 알려져 13세기까지 서구의 모든 수도원의 보편적인 수도 규칙이 되었다.

카시노 산 부근에 세운 여자 수도원에서 베네딕도의 여동생 스콜라스티카St. Scholastica, c. 546가 원장으로 지냈다. 베네딕도 생애의 말년에 여동생 스콜코라스티카를 마지막으로 방문했을 때 남매는 오래 이야기했다. 날이 저물어 땅거미가 내리기 시작하자 베네딕도가 여동생과 작별을 고하고 자기의 수도원으로 돌아가려고 하는데 갑자기 태풍이 불었다. 할 수 없이 여동생 집에 머물게 되었다. 두 사람은 밤을 새면서 영적 생활에 관한 거룩한 대화를 나누고, 다음 날 아침에 떠났다.

이 마지막 방문이 있은 지 사흘 후에 베네딕도가 수도원 골방에서 기도에 잠겨 있던 중 문득 창밖을 내다보니 여동생 수도원에서 한 마리 하얀 비둘기가 일직선으로 날아 올라가는 모양이 보였다. 성령의 빛을 받은 그는 그 비둘기가 여동생의 영혼인데 지금 하늘나라로 돌아가고 있는 중이라는 것을 깨달았다. 사실 그대로였다. 스콜라스티카는 그 순간 잠자듯이 편안히 임종했다.

그날로부터 40일 후에 베네딕도도 여동생의 뒤를 따라 하늘나라 본향으로 돌아갔다. 그날 노쇠한 그는 수도자들의 부축을 받으며 제단 앞에 나아가서 손을 들고 기도하면서 숨을 거두었다. 547년 3월 21일이었다.

성 베네딕도는 수도자로서의 엄격함 속에서도 우아스러운 인간성에 가득 찬 지성과 판단력이 빛나는 성인이다. 자기 자신에 대해서는 끝까지 엄격했지만 다른 사람을 대할 때는 아버지 같은 인자함이 넘쳤다.

교황 그레고리는 "성 베네딕도의 정신과 생활을 철저히 알려면 그의 규칙을 연구하지 않으면 안 된다. 왜냐하면 그 규칙에서 그는 몸소 체험하지 않은 일은 아무것도 명하지 않았기 때문이다"라고 말했다.

베네딕도의 규칙은 신약성경 전체를 인용하며, 카시안, 바실리오, 어거스틴, 파코미우스 등의 규칙을 참조하고 있다. 성 베네딕도는 수도원은 "하나님에게 봉사하는 학교"라고 말했다. 수도 공동체의 매일 생활 규칙은 오전 2시 30분에 기상해서 성무일과로 시작하여 겨울에는 오후 4시 까지, 여름에는 3시 30분까지 계속하는 것이다.

노동 – 겨울에는 5시간, 여름에는 9시간

공부 – 겨울에는 5시간, 여름에는 3시간 반

수면 – 겨울에는 9시간, 여름에는 7시간 (낮잠도)

노동도, 기도도 육체의 피곤과 영적 무미건조에 빠지지 않기 위해 연속 3시간 이상 하는 것을 금했다.

수도원 봉쇄, 정주(定住)

자주 외출하는 것은 영혼에 좋지 않다. 꼭 필요한 일이 있어서 외출했다가 수도원에 돌아와서는 밖에서 보고 들은 이야기들을 다른 수사들에게 말해서는 안 된다. 그것이 때로는 큰 파멸의 원인이 될 수도 있기 때문이다.

수도원 내에서는 침묵을 지키고 무익한 말과 우스갯소리를 하거나 웃어서는 안 된다. 종과終課 후에는 절대침묵을 지키지 않으면 안 된다. 수도원 내 필요한 것은 되도록 자급자족할 것이요, 아무것도 자기 것으로 소유해서는 안 된다. 노동은 기도요 청빈淸貧이다.

은혜의 준비요 하나님의 뜻을 순종하려는 완전한 마음가짐이 겸손이다. 겸손은 완덕의 어머니이다. 참된 애덕愛德의 꽃이다. 겸손의 12단계에 의해 하늘 높이까지 오를 수 있다.

1) 하나님을 두려워하는 것
2) 제 고집을 억제하는 것
3) 웃어른長上의 모든 명령에 복종하는 것
4) 아무리 괴롭고 모욕을 당해도 인내하고 피하지 않는 것
5) 마음속에 떠오르는 나쁜 생각들과 은밀한 행위를 겸손하게 고백하는 것
6) 모든 사람의 머슴이 되어 비천한 일도 종순從順하는 것
7) 입으로 말고 마음속으로 자기는 가장 못나고 비천한 자라 확신하

는 것

8) 자기 수도원 회칙에서 정한 일 외에 다른 것은 하지 않는 것

9) 다른 사람이 물을 때까지 말하지 않고 침묵을 지키는 것

10) 말할 때 쉽게 웃지 않는 것(웃음이 헤프지 않는 일)

11) 말할 때 냉정하고, 큰 목소리나 웃음소리를 내지 않고, 말씨가 적으나 위엄 있고 이상적으로 말하는 것

12) 마음의 겸손을 그 생활의 모본으로 남에게 나타내는 것

::성 프란시스::

역사를 정화한 것은 성인들이다

"교회사를 지배하고 있는 것은 성인들이다"라고 말한 사람이 있다. 성인들은 언제나 어디에나 쉽게 나타나는 인물이 아니다. 100년에 한 사람, 혹은 500년에 한 사람 정도 있을까 말까 한 귀한 존재이다. 교회사를 살펴보면 히말라야 높은 설봉같이 우뚝 솟은 성 안토니, 성 베네딕도, 성 어거스틴, 성 프란시스 등의 성인들이 나타났을 때 그릇된 타성으로 부패와 타락에 빠졌던 기독교가 다시 중흥하여 생명의 활기를 되찾아 살아나곤 했다. 그중에서도 프란시스는 천 년에 한번 날까 말까 한 대성인이다.

하나님이 인간 사회에 역사하시는 방법 가운데 첫 번째는 성성(聖性)이다. 성성이란 것은 꼭 필요한 곳에 가장 효과적인 형태로 일어나는 것인데, 그것이 구체적인 인격으로 출현한 것이 성인이다. 인간 사회에서 성성을 거부하면 인류 역사도 교회사도 뒤죽박죽이 되고 만다. 누구나 쉽

게 성인이 될 수 없다. 성인이 무더기로 쏟아져 나올 수도 없다. 성인이 된다는 것은 그 자신 스스로가 보통사람의 대열에서 빠져나오는 것이 아니다. 성인은 하나님이 이 시대를 위하여 골라내어 특수한 사명을 맡기신 인물이다. 성인들은 스스로 세상을 버리고, 시대를 등지고 은둔하는 듯하지만 사실은 그 시대 그 사회의 타락과 실패를 예리하게 관찰하면서 자기 스스로 하나님에게 호소하며, 병든 시대를 아프게 통감하면서 하나님의 심정으로 시대를 심판하고, 동시에 시대를 위해 고민하는 자이다. 그런 점에서 기독교사 속에 나타나는 성인들은 구약시대의 예언자적 풍모를 느끼게 한다.

성인은 이 썩고 악 나는 인류 사회 속에 새 공기를 불어넣는 신선한 향기이다. 성인의 향기에는 모든 영혼을 매혹하는 힘이 있다. 여름날 이른 새벽에 정원에 나서면 상쾌하게 코를 찌르듯 풍겨오는 재스민의 향기나 백합의 진한 향기는 우리를 그 향취 속으로 끌어당긴다. 세계 모든 사람들에게 사랑을 받는 성 프란시스는 처음부터 끝까지 그런 신선하고 풍요로운 향기의 상징이었다.

프란시스는 많은 기독교 성인 중에서도 자비와 사랑이 지나쳐 범신론자가 아닌가 하는 오해를 받을 만큼 자연에 대한 깊은 인식의 눈으로, 우주와 생명의 세계에 대한 감격과 사랑으로 자연을 통해 하나님을 한없이 찬양한 성인이었다. 그는 곤충도 종달새도 늑대도 달과 별과 태양도 모두 내 형님, 내 누님이라 부르며 하나님을 찬양했다. 그는 마치 우주의 모든 피조물이 유정으로 인간과 통하는 감정과 말을 가지고 있는 듯, 하나님의 감각을 가지고 있는 듯 그렇게 큰 기쁨을 가지고 피조물과 대화했다. 모든 지혜의 깊이를 인간의 언어로 다 표현하기는 어렵다. 그러나 우리는 성인과 접촉함으로써 우리 자신이 아직 체험하지 못한 미지의 세계를 보게 되는 감격을 맛볼 수 있다.

프란시스의 거듭남과 변화

아씨시의 성자 프란시스St. Franciscus, 1182?-1226는 중세기에 나타난 가장 사랑받는 성인이었다. 그는 성격이 너그럽고 어린애 같은 단순함과 천진난만한 신앙심, 하나님과 인간을 향한 헌신과 아울러 자연에 대한 사랑과 진실한 겸손으로 여러 성인 중에서도 특히 뛰어난 분이었다. 교황 비오Pius 11세는 프란시스를 "또 하나의 그리스도"라고 했다.

그는 원래 이탈리아 젊은이들처럼 정열적이고 아주 자유분방하여 야심 많은 청년기를 보냈다. 아씨시는 이웃 도시 페루지아와 자주 전쟁을 하였는데, 프란시스도 22세 때 기사로 출전했다가 적군의 포로가 되어 페루지아에서 1년 동안 옥살이를 하다가 풀려났다. 그 후 그는 사색에 자주 잠겼는데, 한때는 병중에 인생의 허무와 적막을 뼈저리게 느끼기도 했다.

이 무렵 그가 받은 일련의 계시와 함께 중대한 사건이 있었다. 그는 어느 날 말을 타고 교외로 산책하다가 외진 산길에서 문둥병자를 만났다. 부잣집 아들로 태어나 호강스러운 생활만 했던 그에게 문둥병자는 가장 더럽고 무서운 존재였다. 겁에 질린 그는 본능적으로 말 머리를 돌려 도망치려 했다. 그러나 이때 그의 양심이 움직여 비겁한 자기 태도를 크게 뉘우치게 하였고, 그는 반사적으로 말에서 뛰어내려 절뚝거리며 다가오는 나병환자의 허리를 감싸 안으며 힘껏 입을 맞추었다. 이 사건은 프란시스가 과거를 청산하고 옛 껍데기를 깨고 나와 영적 생활의 첫

발을 내딛는 새로운 전환의 계기가 되었다. 그의 새로운 승리였다.

프란시스는 23세에 회심했다. 그는 2년 뒤 아씨시에 있는 퇴락한 산 다미아노 성당의 십자가상 앞에서 기도하던 중 십자가의 예수님의 화상이 입을 열어 신비한 언어로 말씀하시는 소리를 들었다. "프란시스야! 너는 가서 내 집을 세워라. 내 집이 무너져 가고 있다"는 영혼의 소리였다. 여기서 프란시스는 자기의 소명을 깨달았다. 그날 주님의 음성은 퇴락한 다미아노 성당 하나를 수축하라는 소명이 아니었다. 그 영혼의 소리가 내포하는 것은 전 세계의 침체하고 타락한 교회를 새롭게 하라는 뜻의 거룩한 소명이었다.

또 한 가지, 그의 생애에서 가장 중요한 사건이 있었다. 1209년 어느 날 그는 예배당 뒷자리에 앉아 있었다. 그날 예배 인도하는 사제는 마태복음 10:5-15 말씀을 읽고 있었다. 그런데 프란시스의 귀에는 예수님이 직접 제단에서 서서 프란시스에게 그 말씀을 하시는 것으로 들렸다. "…너희 전대에 금이나 은이나 동이나 가지지 말고 여행을 위하여 주머니나 두 벌 옷이나 신이나 지팡이를 가지지 말라…."

그 말씀에 큰 영감을 받은 그는 예배를 마치고 나서 당장 그대로 실천했다. 입고 있던 값비싼 외투를 벗어 던지고 농부의 자루 옷을 얻어 입었다. 구두도 벗어 버리고 맨발에 허리띠는 교회 마당에 굴러다니는 새끼줄을 주워 매고 감격에 사무쳐 밖에 나가 아씨시 성문 앞에 서서 두 손을 들고 사람들에게 "형제들이여, 하나님은 여러분을 축복하십니다"라고 외쳤다. 거기에 모인 사람들 가운데 큰 감동이 일어나 그중 몇 사람이 프란시스를 따라나섰다. 그들이 프란시스의 첫 제자들이었다.

프란시스는 그들을 중심으로 "작은 형제회"를 창설하였다. 그들은 복음의 정신에 따라 세상에서는 이방인과 순례자로 살며 예수의 정신을 본받아 청빈생활을 엄격히 실천하였고, 자기 자신을 위해서는 아무것도 소유하지 않았다. 이렇게 수도회를 창설하고는 수도회의 영성적 성장을 위해 편지와 훈시를 써 보내는 일을 부지런히 하였다. 특히 프란시스는 이전의 수도자들처럼 세상을 버리고 운둔하여 깊은 산중에 수도원을 세우고 살지 않고, 세상 속에 사람들을 찾아다니면서 탁발 수행하였다. 그래서 그의 수도 단체를 걸식교단乞食敎團이라 부른다.

프란시스는 복음 선교를 위해 시리아1212, 스페인1213-1214, 근동 지방1219까지 여행을 했다. 말년은 아씨시 근방에서 보냈는데, 눈은 멀고 몸은 중병에 걸려 불면증에 시달리면서 비참했지만 그 고난 속에서도 하나님에 대한 신앙과 감격은 더하여 "태양의 노래" 같은 감격의 노래가 나왔다. 그는 45세에 세상을 떠났는데, 유해는 아씨시의 조르지오Giorgio 성당에 안장되었다.

성인의 고통 받는 생활은 개인적인 불행의 체험이 아니라 그의 성화된 거룩한 심정이 모든 살아 있는 것들의 고통 안에서 깊은 공감과 일체감으로 겪는 것이라고 말한다.

프란시스의 삶과 신비 체험

프란시스와 그를 따르는 제자들의 영성에는 뚜렷한 두 가지의 특징이 있다. 하나는 부지런한 활동적 생활, 즉 전도, 설교, 자선사업 같은 봉사요, 또 하나는 지극히 고요한 관상생활이다.

프란시스는 틈만 있으면 기도와 명상에 잠겼다. 아씨시에서 그가 가장 많이 찾아간 기도 장소는 아씨시 뒷산인 스바시오 산 계곡에 있는 동굴이었다. 우거진 올리브나무 숲 속에 숨겨진 이 동굴은 세상의 모든 잡음이 미치지 못하는 곳이다. 적막한 그 동굴에서 고독과 침묵을 통해 더욱 하나님 안에 깊이 침몰하는 명상기도와 관상 속에 프란시스의 영성은 무르익었다. 그는 날이 지나고 달이 가는 줄 모르고 영적 심연에 몸을 담그고 하나님을 불렀다.

동굴의 입구는 도자기 굽는 가마의 입구처럼 생겼다. 도공들은 흙을 빚어 여러 모양의 그릇을 만든 후 가마 속에 넣고 입구를 봉하고 불을 땐다. 일정한 시간 동안 계속 불을 때고 나서 입구를 다시 열어 불에 구운 그릇들을 끄집어 낼 때는 얼마 전에 넣은 그대로의 그릇이 아니라 훌륭한 예술품이 되어 나오는 것이다.

성 베네딕도는 스피아코 산 동굴 속에 짐승처럼 3년 동안 엎드려 기도했고, 이냐시오 로욜라는 만렛사 동굴 속에서 엎드려 기도했다. 성인들의 영성의 특징은 많은 기도이다. 그들이 동굴에서 나올 때는 들어갈 때 그대로의 사람이 아니라 전혀 새 사람이 되어 나왔다.

프란시스는 스바시오 산 동굴 속에 들어가 자신이 가장 큰 죄인임을 고백하면서 통회의 눈물을 흘렸고, 세월의 흐름을 느끼지 못한 채 엎드려 신을 불렀다. 마침내 프란시스가 동굴에서 나올 때 그의 모습은 고뇌와 비탄을 넘어 감격에 넘친 얼굴의 전혀 새 사람이었다.

그는 그리스도의 십자가 사랑에 압도되어 미친 사람같이 통곡하며 아씨시의 거리를 누볐다. 사람들이 이상히 여겨 "왜 그러느냐?"고 물으면 그는 오른손을 높이 쳐들고 "그리스도의 사랑이 나를 못 견디게 합니다"라고 말했다. 이것이 프란시스의 영성의 산실이다.

프란시스의 기도와 영성의 절정은 말년에 베르나 산에서 40일 동안 금식하면서 기도한 일이었다. 베르나 산은 우리나라 무주구천동보다 더 깊이 들어간 해발 1,300미터나 되는 높은 산이다. 그 산꼭대기에는 하늘에서 쏟아 부은 것 같은 집채만한 현무암 바위가 있다. 프란시스는 사람의 몇 길이나 되는 그 절벽 위 동굴에 들어가 심력을 다해 기도했다. 제자들 중에 가장 사랑하는 레오 혼자만 시중들게 했다. 레오도 함부로 가까이 오지 못하게 했다. 레오가 절벽 맞은편 언덕에 와서 "주여, 저의 입술을 열어 주소서" 하고 시편의 한 구절을 외우면, 기도하던 프란시스가 "그러시오면 저의 입은 당신을 찬미하리이다" 하고 대구를 하는 것이 레오가 외나무다리를 건너와도 좋다는 신호였다.

 그때 프란시스의 기도 제목은 두 가지였다. "주여, 제가 세상을 떠나기 전에 두 가지 은혜를 베풀어 주옵소서. 그 하나는 주께서 겪으신 그렇게도 괴롭고 애처로웠던 고난을 저의 영혼과 저의 돈으로 체험하게 해주옵소서"였고, 또 한 가지 소원은 "주께서 우리를 향하여 자신을 희생제물로 삼아 죽으신 그 불타는 충만한 사랑을 저도 당신을 향하여 품을 수 있게 해주옵소서"였다.

 이렇게 40일 기도를 끝맺던 어느 새벽 동틀 무렵, 그는 스랍천사가 여섯 개의 날개를 펄럭이면서 가까이 오는 것을 보았다. 여섯 개의 날개 가운데 십자가 형상이 있었다. 그 스랍은 그리스도 자신이었다. 그 순간 프란시스는 벅찬 감격과 함께 날카로운 통증을 손과 발목에 느꼈다. 어느 새 그가 기도하고 소원한 대로 두 손과 두 발, 옆구리에 다섯 개의 성흔聖痕을 받은 것이다. 그 신비스런 체험은 아픔의 절정인 동시에 감격과 영성의 절정이었다. 그 성흔에서 흘러나오는 피는 프란시스가 세상 떠날 때까지 멎지 않았다. 그것만이 아니었다. 그 후 프란시스는 얼마

안 되어 시력을 잃고 소경이 되었다.

하나님은 가장 사랑하는 자에게 희생을 요구하신다. 지상에서 그 어느 성자보다도 위대했던 성 프란시스, 예수를 누구보다도 사랑했던 그에게 주님은 이렇게 엄청난 희생의 고통을 주셨다. 인간의 상식으로는 도저히 이해할 수 없는 일이다. 프란시스는 사람이다. 그는 울었다. "나는 나의 불쌍한 눈을 잃고서 울고 있습니다." 그것은 곧 그의 순교였다.

기독교인으로서 받을 영성은 하나다. 바울은 "은사는 여러 가지나 성령은 같고 직임職任은 여러 가지나 주는 같으며 또 역사役事는 여러 가지나 모든 것을 모든 사람 가운데서 역사하시는 하나님은 같으니"고전 12:4-6라고 했다. 영성은 한 근원에서 오나 각 사람의 성격과 환경과 사정에 따라 그 나타나는 모양이 다양하다.

프랑스 아르스의 성자 비안네의 영성은 겸손으로 나타났다. 그는 스스로를 "늙은 아담"이라 부르며 자기 몸을 사정없이 쳤다. 성 베네딕도는 자연과 세상만사와 육을 철저히 부정함으로써 하나님 속으로 깊이 빠져들었다. 그러나 프란시스는 대자연을 사랑하고 자연을 통하여 하나님을 경배하고 찬양하였다. 그는 해를 "형님"이라 부르고 달을 "누님"이라 불렀다. 그는 소경이 된 후에 저 유명한 "태양의 노래"를 지었다.

프란시스의 청빈의 영성

프란시스의 영성의 특징 중 하나는 예수님의 "가난"을 지극히 사모했다는 것이다. 그는 누구보다도 철저하게 겸손했고, 순결한 영성생활을 하였다. 그 중에서도 특히 예수님의 가난을 찬미하고 사랑했다. 가난을 여성화하여 "가난 양"lady poverty이라 불렀고, 자기는 가난 양과 결혼하였기에 자기 아내는 "귀부인 가난"lady poverty이라 했다 그는 "청빈"淸貧을 "성빈"聖貧으로 승화시켰다. 오늘날 프란시스칸들은 성빈을 다시 "신빈神貧"이라 불러 "가난은 곧 하나님의 모습"이라 했다.

프란시스의 교단 운동은 세상을 버리고 산중에 은둔하지 않고 세상 속으로 들어가 의식주 문제를 탁발로 해결하였다. 그들은 절대로 손에 돈을 대지 않았다. 프란시스와 제자들은 학문에 치우치는 것을 배격하였다. 사람에게 지식이 들어가면 종교적 성품의 가장 귀하고 천진난만한 순진성을 잃고 영성이 순수해지지 않기 때문이다.

가난으로 표출되는 그의 독특한 영성의 열매는 세세토록 오늘날도 그리스도를 따르는 이들에게 청순한 매력을 주고 있다. 청빈은 프란시스회의 독특한 구원의 길임을 알아야 한다. 그것은 완덕의 원천이다. 밭에 감추어진 보화이다. 완덕을 소유하려면 내 소유를 몽땅 팔아 그 보화를 사야 한다. 기독교 2천 년 역사상 가장 예수를 닮은 프란시스! 그의 별명은 "보베리로"이다. 그리스도를 가장 많이 닮은 "아씨시의 가난뱅이"가 받았던 영감, 그의 영성은 기독교 신·구교도는 물론이요 이교도들과 일반 세상 사람들에게도 깊은 감동을 주고 있다. 나는 한국 불교계에서 가장 인기 있는 어떤 스님의 수기에서 그가 가장 감동 깊게 읽은 책은 『프란시스의 잔꽃송이』였다고 고백한 것을 보았다. 이렇게 모든 사람에게 사랑을 받고 감화를 끼친 빛나는 그의 생애는 그의 의적인 삶의 모습보다는 영성에서 비롯된 것이다.

프란시스는 스스로를 신神의 어릿광대라고 말했다. 하나님을 위해서라면 어떠한 수치스러운 노릇이라도 기뻐하며 실천하겠다는 말이다. "하나님의 광대"로 자처하며 현재의 인간적인 모든 한계를 무가치한 것으로 여겨 박차고 나가는 정신적 전도轉倒를 서슴없이 감행하는 프란시스! 이 같은 전도에는 많은 시련이 따르지만 그는 두려워하지 않았다. 그가 새로운 생애를 위해 가출할 때 부모에게서 얻어 입은 속옷까지 벗어 육신의 아버지에게 돌려주었다는 이야기는 유명하다.

프란시스의 일생의 표어는 "Deus meus, et omnia"(내 주여, 나의 전부여!)였다. 그리스도의 사랑은 자기를 철저하게 가난하게 함으로 남을 부요하게 하는 자비로 나타났다. "우리 주 예수 그리스도의 은혜를 너희가 알거니와 부요하신 자로서 너희를 위하여 가난하게 되심은 그의 가난함을 인하여 너희로 부요케 하려 하심이니라"고후 8:9. 지식으로나 물질 소유로나 권력으로나 내가 부요하여서 남을 부요케 하는 것이 아니다. 내가 철저히 가난해졌을 때, 내가 무소유 무일물無所有 無一物, "제로"가 될 때, 그때 비로소 모든 사람에게 풍부히 줄 것이 있다. 바울도 모든 것을 버리고 나설 때 전 세계 사람에게 풍부히 줄 수 있는 참사도가 되었다.

프란시스는 현대 기독교인들에게 이렇게 말한다. "형제들이여, 주님은 작은 목소리로 나를 부르시고 단순과 가난의 길로 나를 인도하셨습니다. 주님은 나를 명하여 세상에서 바보가 되기를 바라셨습니다. 하나님이 우리를 인도하고자 바라시는 유일한 길은 이런 종류의 영적 지혜의 길입니다"라고….

사도 바울이 "내가 내 몸에 예수의 흔적을 가졌노라"갈 6:17고 말한 것 같이 프란시스도 손발과 옆구리에 성흔을 받았다. 오늘날 우리도 손발과 옆구리에 예수의 오상을 받지 않는 한 세계는 우리가 전하는 메시지를 진실한 것으로 받아들이려 하지 않을 것이다. 신앙은 정열적이어야 한다. 우리의 종교 운동이 성 프란시스 운동처럼 되려면 연애처럼 열렬한 것이 되지 않으면 안 된다. 성 프란시스 운동을 일종의 종교적 로맨티시즘이라고 한다. 종교 신앙은 싸늘한 신학 교리로만 믿는 것이 아니라 하나님을 사랑해야 한다. 열렬히 사모하고 뜨겁게 사랑해야 한다. 프란시스는 우리에게 열렬한 종교적 정열을 보여 주었다.

프란시스의 말년은 인간적으로 비참했다. 제자들의 일부는 학자요 지식층이었는데 선생의 정신을 거슬렸다. 프란시스는 후계자 엘리야에게 교단의 지도권을 물려주었다. 눈은 멀었고, 위는 소화를 시키지 못했고, 밤에는 불면증으로 잠을 자지 못했다. 손발에 받은 성흔의 아픔 때문에 걷기가 고통스러워 나귀를 타지 않으면 안 되었다. 제자 클라라 수녀는 이 가련한 스승을 위하여 포도 넝쿨로 손수 침대를 만들어 쉬게 하였다. 이와 같은 육신적 불행 속에서 그의 영성은 최고조로 두르익었다. 어느 날 클라라와 식탁에 마주 앉았을 때, 프란시스는 갑자기 황홀 상태에 빠져 감격하여 "주를 찬송하리로다"Laudato sia lo Signore!라고 부르짖더니 이어 영감 속에서 그 유명한 "태양의 노래"를 쏟아냈다.

오 하나님,
만물이 당신께 찬송드리나이다.
보시옵소서. 우리 형제 저 우람한 태양의 찬송을,
온 누리, 대낮을 주관하는 태양!
우리 하나님이 바로 그를 통해 우리를 비추고 계시는 것…
오! 태양은 너무도 눈부셔 얼마나 찬란한 빛을 발하고 있는지요.
지극히 높으신 주여, 저 우람한 태양이야말로

바로 당신의 모습이옵니다.

다음은 오상을 받은 직후에 프란시스가 드린 "내 몸에 새겨 주신 성총에 대한 감사를 위하여"라는 노래다.

당신은 거룩한 주시요 하나님이시니이다.
당신은 여러 가지 신기한 기적을 행하시는 유일한 하나님이시니이다.
당신은 강하신 분, 위대하신 분,
지극히 높으신 하나님이시니이다.
당신은 전능하시고 거룩한 아버지시오,
천지의 왕 되신 하나님이시니이다.
당신은 삼위일체시요, 모든 신들의 하나님이시니이다.
당신은 선하시고, 온전히 선하시고, 최상의 선이시오,
살아 계신 참되신 주 하나님이시니이다.
당신은 사랑, 당신은 예지, 당신은 겸손,
당신은 인내의 하나님이시니이다.
당신은 아름다우시고 안전하시고 평화로우시고
기쁨의 하나님이시니이다.
당신은 우리의 희망, 정의, 절제,
넘쳐흐르는 보배이신 하나님이시니이다.
당신은 부드럽고,
당신은 우리 보호자요 후견자요 수호자이신 하나님이시니이다.
당신은 우리의 피난처, 그리고 우리의 힘이시니이다.
당신은 우리의 신앙, 소망, 거룩한 사랑이시니이다.

당신은 우리의 지극히 감미로운 맛,

아, 당신은 영원한 선, 크고 놀라운 주 전능의 하나님,

평화 속에서 깊은 자비를 보이시는 구세주시니이다.

프란시스회

제1회

초기에는 프란시스 자신이 살아 있는 규범이었으나 수도자가 많아지면서 새 회칙이 요청되어 1223년 11월 29일 교황 호노리우스Honorius III의 대칙서Solet Annuere에 의해 회칙이 인준되었다. 프란시스 성인은 "제2의 그리스도"라고 불릴 만큼 철저히 가난과 겸손의 길을 걸었으므로 다른 수도회와는 달리 명칭도 겸손하게 "작은 형제회"Ordo Fratrum Minorum라고 하였다.

1209년 마태복음 10:5-14에 있는 말씀에서 영감을 받아 실천하는 "작은 형제회"를 창설하여 복음 정신에 따라 세상에서 이방인과 순례자로 살며 자신을 위해서는 아무것도 소유하지 않았다. 수도회를 창설한 후로는 회의 영성적인 성장을 위해 편지와 훈시 보내기를 게을리 하지 않았다.

프란시스회의 정신은 복음을 완전무결하게 생활화하는 데 있다. 즉 가난하시고 십자가에 못 박히신 그리스도께서 성인에게 계시하신 것처럼 하나님에게 반대되는 모든 이기적인 경향, 즉 "육의 정신"을 버리고 주님의 정신대로 사는 것이 형제들의 이상이다. "작은 형제"란 주님의 정신에서 흘러나온 성인의 독특한 영성이라고 할 수 있는데, 그것은 모

든 피조물과 형제적인 일치가 될 수 있는 가난과 겸손의 뿌리이다. 그래서 프란시스와 작은 형제들을 "평화의 사도"라 불렀다. "평화의 기도"는 프란시스 성인의 기도문 중 가장 널리 알려진 것으로서 그의 정신이 함축된 기도이다.

육체 노동과 걸식을 통해 생활한다는 청빈정신은 프란시스 성인이 세상을 떠난 뒤 수도회 내부에서 엇갈린 두 의견을 낳게 되었다. 그래서 16세기에 이르러 프란시스회 내에서 세 수도회가 분립되었다. (1) "작은 형제회"는 원시 회칙파에서 발달한 수도회로서 공동 재산의 소유를 인정하지 않았고, (2) 1517년 독립한 "꼰베투알회"는 공동 재산의 소유를 인정하였으며, (3) 1528년에 독립한 "카푸친 회"는 철저한 가난과 엄격한 생활을 강조하였다. 이 세 갈래의 수도회가 프란시스회의 제1회이다.

프란시스회는 성인의 영성을 완성시켜 제 2의 창설자라고 불리는 보나벤투라Bonaventura of Bagnorea를 비롯하여 둔스 스코투스Duns Acotus, 윌리엄 오캄William Ockham 같은 훌륭한 신학자, 그리고 대중적인 사랑을 받은 앙투안 드 파두아Antonio de Padua 등 뛰어난 인물들을 배출하였다.

이 수도회의 활동 상황을 보면 유럽, 아메리카의 전 지역은 물론 인도, 필리핀, 일본, 중국 등 동남아 여러 지역에서도 수많은 형제들이 하늘나라를 전하고 있으며 1백 개 관구에 1983년 현재 2만 7천 명의 가족이 세계에 퍼져 있다. 주로 가난한 자와 소외당한 이를 위해 봉사하는 이 수도회는 교육사업, 구제사업, 양로원, 고아 시설 등에 힘쓰고 세계적으로 유명한 신학교도 운영하며, 성지 예루살렘에는 순례자들을 위한 속관구가 있어 현재 한국 형제도 파견되어 봉사활동을 하고 있다.

제2회

프란시스회의 제2회는 클라라 관상수녀회 Poor Clare Nuns이다. 클라라 1194-1253가 성 프란시스의 지도를 받아 1212년 이탈리아의 아씨시에 창립한 수녀회로서 클라라 동정수녀회라고도 한다. 각 수녀원은 독립적이고 중앙 집권이 아니기 때문에 총장직이 없는 것이 특색이다. 클라라의 생존시에 이탈리아, 프랑스, 독일에서 자매 수녀원들이 형성되었다. 프란시스의 정신을 따르는 클라라 수녀원의 엄격성은 수녀원 가운데 가장 철저하다. 그러나 일부 클라라 수녀원 지원은 개인을 위해서가 아니라 수녀원을 위해서 가난의 회칙으로부터 면제를 얻어 공동 재산의 소유가 허락되었다. 반면 아씨시의 다미아노 수녀원과 피렌체의 수녀원 등은 교황 그레고리 9세에게서 "가난의 특권"을 받음으로써 원시 회칙의 전통을 지녔다.

제3회

성 프란시스는 직접 그를 따르며 수도원에서 함께 생활하는 수도자들을 지도하는 데 만족하지 않고 한 걸음 더 나아가 대중 속에서 그의 뒤를 따르려는 뜻을 가진 사람들을 위하여 "프란시스 제 3회"를 만들고 이 재속在俗 형제들의 제3회를 "보속의 회"라고 불렀다. 완덕의 길로 나아가려는 사람들을 규합하여 하나의 큰 가정을 이룬 것이다. 제3회가 시작된 것은 1221년이었다.

::성녀 클라라::

클라라는 내면생활과 사랑의 일치로 성성聖性을 이룬 모범적 인물이다. 프란시스가 아씨시의 산 조르지오 성당에서 사순절 설교를 하던 날 아씨시 성주의 딸 클라라가 어머니와 함께 그 예배에 참석했다. 가장 앞자리에 앉아 프란시스의 설교를 듣던 클라라는 크게 감동했다. 거지같은 옷차림에 새끼줄 띠를 맨 젊은 프란시스의 모습, 맨발에 삭발머리. 그러나 정열에 불타는 프란시스는 인간이 아니라 스랍천사처럼 보였다.

그로부터 얼마 후 종려주일 새벽에 클라라는 몰래 성을 빠져나와 프란시스의 첫 여 제자가 되었다. 프란시스는 그날 밤 뽀르치운꼴라에 있는 작은 성당 제단 앞에서 클라라의 금발을 잘랐다. 그때 클라라는 18세였다.

클라라가 가출하여 다미아노 성당에서 수녀생활을 시작한 지 얼마 되지 않아서 동생 아그네스도 언니를 따라 집을 나와 언니 곁에서 수녀생활을 시작했다. 그때 아그네스는 어느 황제와 약혼하기로 되어 있었고, 영국의 헨리 3세 또는 프레데릭 3세에게서도 청혼을 받고 있었다. 그러나 세상의 영광과 행복을 다 떨쳐버리고 청빈, 순결, 순명으로 그리스도의 정배淨配가 되었다. 수녀가 된 클라라는 수녀원 자매들에게 세 가지를 강조해 가르쳤다.

1) 세상 모든 것을 초월해서 주님만 사랑할 것
2) 때를 따라 자주 완전한 죄의 고백(회개)을 할 것
3) 끊임없이 주님의 고난을 마음에 묵상할 것

클라라의 산 다미아노 수녀원 자매들은 "세상에 대해서는 절연장을 보내고" "가난한 여자"임을 스스로 결정한 것이다. 이곳에 들어온 자매들은 이곳을 결코 떠나지 않고 어두컴컴한 수실에 불을 밝혀 놓고 세상의 번잡함을 떠나서 고요 속에 평화로 가득 찬 심정으로 신랑 예수님이 오시는 날을 고대했다.

클라라는 성결하고 정절이 있고 근신하고 종순從順했기 때문에 모든 사람에게 존경과 사랑을 받았다. 교회 최고의 권위자들과 교황까지도 그녀 만나는 것을 영광으로 생각했다.

그들의 수도의 특징은 침묵이다. 외적 침묵과 절제에 힘쓰는 동시에 그보다 더 중요한 영혼의 침묵에 힘썼다. 육신의 기분과 이성의 지배를 따르지 않고 모든 뒤숭숭한 마음을 떨쳐버리고 차분히 그리스도만을 기쁘시게 하려 애썼다. 육신의 친척에 대한 사랑에 동요하지 말 것을 강조했다.

클라라 자신은 육신에 대해 전적으로 죽고 세상일에서 완전히 손을 떼었다. 그녀의 영성은 거룩한 기도와 하나님을 찬미하는 데 정진하여 빛 자체이신 주님을 향해 돌진했다.

멀리 프라하에서 수녀생활을 하고 있는 동생 아그네스에게 클라라가 보낸 편지들이 있다.

"그대는 가장 고귀하신 신분의 신랑이신 주 예수 그리스도를 선택한 것입니다. 그를 사랑할 때 그대는 순결해지고, 그에게 접촉할 때 그대는 더욱더 청정해지, 그를 맞아들일 때 동정녀가 되고… 그에게 포옹되어 이미 그대는 사로잡혀 있는 것입니다."

"청빈한 처녀성 안에서 가난한 그리스도를 품으십시오. 그래서 높은 기품의 왕희王姬여, 그리스도를 본받으려는 그대니까 그리스도를 주목하고 그리스도를 상사相思하고 그리스도를 관상하십시오."

클라라는 끊임없이 하나님 현존 안에 산 위대한 신비가면서도 인간미가 넘쳐서 자기를 둘러싼 작은 형제자매들, 가난한 이, 병든 모든 이에게 풍부한 마음씨를 베풀었다. 매우 친하기 쉬웠고 적절한 감각으로 한 사람 한 사람을 대했다. 자매들이 탁발을 마치고 돌아오면 발을 씻어 주었고 슬퍼하는 이와 함께 슬퍼했으며 밤이면 이불을 덮어 주고 젊은이와 병든 이에게 깊은 관심을 가졌다.

클라라의 관상생활의 특징

그녀의 기도생활의 주요한 특징은 사랑이다. 사랑의 관상이다. 요한일서 4:16의 말씀은 "사랑 안에 머무는 자는 하나님 안에 머물고 하나님도 그 안에 머무신다"는 뜻이다.

클라라의 영성생활의 유일한 기술은 사랑이었다. 산 다미아노 수녀원 자매들의 마음은 그리스도를 향해 불탔고 클라라도 사랑에 불탔다. 불타는 사랑 안에서 예수님과 인격적인 결합을 한다는 것이 클라라와 그 자매들의 수도생활의 유일한 머릿돌이었다. 그리스도께 대한 인격적인 사랑의 관계 안에서 친밀한 친교 속에 살았기 때문에 수도나 관상이 틀에 박힌 조직에 매여 있는 생활은 아니었다.

클라라에게 있어서 예수 그리스도는 역사적 인물이거나 상상의 대상이 아니라 현실적인 현존이며 구체적 친교의 대상이었다. 지금 나와 함께 숨쉬고 지금 여기 곁에 생생하게 살아계신 정배였다. 역사적인 과거의 인물도 아니요, 먼 미래에 가서야 만나볼 존재도 아니고, 지금 현실적으로 존재하시고 클라라 곁에 계셔 그 음성을 들려주시는 주님이었다. 그녀는 지금 현실적으로 주님의 십자가 곁에 서 있었다.

　기도 속에 주님과 함께 머물며, 특히 십자가의 주님을 묵상하여 직접 주님의 슬픔의 의미를 체험하고, 주님의 붙잡히심과 조롱당하심, 채찍, 가시관 등 모든 사건이 현실적으로 그녀 가슴에 꽉 차서 때때로 침대에 엎드린 채 구슬같이 흐르는 눈물에 젖어 흐느끼며 밤을 새우고 그 다음날도 계속 주 안에 몰입한 상태에서 황홀하여 감각을 잃은 것 같은 때가 있었다.

　클라라는 40년 동안의 수도생활 중에서 29년은 계속 병에 시달리면서도 밤에 잠들기 전에 눈물에 젖어 긴 시간을 기도하였다. 밤중에도 일어나 기도하고 주님이 십자가에 못 박히신 시간에는 6시과 기도시간을 지켰다. 하나님과의 친밀한 생활, 사랑에 푹 빠진 생활을 하였다. 사랑의 일치의 생활이란 이런 것이었다. 마치 그리스도에게 결탁당한 사람같이 다른 일에는 무감각하고 줄곧 하나의 초점, 예수님 십자가만 응시했다.

　철야기도에 몰두할 때는 마음과 정성을 다해 끊임없이 긴 밤을 엎드려 지내고 일상생활도 지나치게 절제했다. 주 안에 깊이 잠심潛心하여 하나님의 깊이에 몰입할 수 있도록 마음에서 모든 뒤숭숭하고 불안한 생각을 떨쳐버리고 정신을 집중하여 긴긴 침묵과 묵상을 하였다. 그녀는 하나님을 주목하고 모든 것을 하나님에게 쏟아 부으며, 하나님을 독대함으로써 자신을 완전히 하나님에게 전적 위탁하고 내면의 깊이에 들어갔다.

　고요히 시종 침묵 속에서 드리는 기도이지만, 기도하는 동안 자주 얼굴을 마루에 붙이고 몸을 부복한 채 흐르는 눈물로 마루를 적셨다. 계속해서 마루에 입을 맞춘 채 그대로 지내기도 했다. 베다니 마리아가 주님 발에 눈물을 흘리는 모습을 연상할 수 있을 정도였다.

어느 때 아씨시 성을 적군이 쳐들어와 빼앗게 된다는 소식을 들은 클라라는 수녀원 안의 모든 자매들을 불러 모으고 "우리는 아씨시 거리에서 많은 은혜를 받았습니다. 그러므로 하나님이 이 거리를 지켜 주시도록 기도하지 않으면 안 됩니다"라고 했다. 클라라는 재를 가져다가 자기 머리에 쓴 너울과 다른 자매들의 너울에 듬뿍 뿌렸다. 마치 새로 삭발하듯이…. 그리고 전원이 성당에 들어가 기도했다. 적군은 격파되고 다음 날 아침에 물러갔다. 그동안 자매들은 단식했다.

프란시스는 클라라를 퇴락한 성당 산 다미아노에 보내고 자주 찾아가지도 않았다. 그러니 클라라와 자매들은 영적인 지도자요 믿음의 사부인 프란시스를 사모하여 그의 메시지를 듣고자 자주 간청했지만 프란시스는 가지 않았다. 프란시스는 어쩌다가 정에 못 이겨 수녀원에 가게 되면 기다리던 자매들이 마루에 부복하여 감격과 존경에 떠는 가운데로 마치 성난 사람처럼 무뚝뚝하게 인사도 않고 들어가서는 가지고 간 재로 마루에 원을 그리고 그 안에 서고는 남은 재를 머리와 얼굴에 뿌려 흉한 꼴을 만들고 하늘을 쳐다보며 말했다. "모든 것은 흙이다. 모든 것은 먼지다. 모든 것은 재다. 나 프란시스도 흙이요 먼지요 재다." 그것이 그의 인생관이지만 여자들의 인간적인 정을 끊으려고 한 것이다. "아무도 사람을 바라보지 말라. 사모하지 말라. 예수님만 사모하라"는 뜻이다.

클라라는 변함없이 끝까지 충성스럽게 프란시스의 지도를 받으며 본받으려 했다. 프란시스가 말년에 소경이 되고 베르나 산에서 40일 기도하다가 손발과 옆구리에 예수님의 오상을 받은 후 아파서 걷지 못할 때 클라라는 프란시스를 자기 수녀원에 모셔다가 극진히 간호하면서 포도 넝쿨로 만든 침대에 프란시스를 눕히고 상처 난 발에 솜버선을 만들어 신겨 걸을 때의 아픔을 덜게 해주었다.

1226년 10월 3일에 위대한 성인 프란시스가 45세로 세상을 떠난 후 27년이 지난 1253년 8월 11일에 클라라는 그녀가 평생 수녀생활을 하던 아시시의 산 다미아노 작은 수녀원에서 세상을 떠났다. 그녀의 나이 60세였다.

이 두 사람은 기독교 2천 년 역사에서 전무후무한 한 쌍의 성인 성녀였다. 그 후에 다시는 그런 성인이 일어나지 못했다. 여자는 위대한 성인을 만나면 성녀가 된다. 당시 다미아노 수도원에는 젊은 수녀들이 50명이나 있었다. 오늘날은 전 세계에 약 1만 7천 명의 클라라 자매회 수녀들이 있다. 모두가 클라라처럼 세상을 버리고 청춘을 불사르고 성성과 사랑의 일치의 길로 들어선 것이다.

클라라의 생애를 한마디로 표현한다면 "예수께 대한 사랑의 열렬한 질주였다." 사랑에 퐁당 빠진 일생이었다.

4 사랑의 영성

::끌레르보의 베르나르::

베르나르St. Bernard, 1090-1153는 끌레르보Clairvaux의 성인으로 알려진 대수도원장이요 신학자이다. 프랑스 디종 귀족의 셋째 아들로 태어났으나 어머니의 죽음으로 많은 충격을 받고 수도생활을 추구하기에 이르렀다. 1112년 자기 형제 4명을 비롯해서 모두 31명의 젊은 귀족 친척 및 친구들과 함께 베네딕도회 규칙을 좇아 엄격한 수도를 하기 위해서 시토Citeaux회에 입회하여 원장 스테파노 하르딩으로부터 대단한 환영을 받았다.

베르나르는 탁월성을 인정받아 1115년에는 랑그레에 시토 수도원을 세우기 위해 12명의 수도자와 함께 파견되었다. 거기서 처음에는 베르나르 자신의 규율과 엄격성 때문에 약간의 어려움에 봉착했으나 그의 성덕으로 수많은 제자들을 사로잡을 수 있었다. 수도원의 이름을 "끌레르보"로 바꾸고 당시 6개의 시토회 수도원의 모원이 되었다.

베르나르는 그의 성성과 인격으로 유럽에서는 가장 영향력 있는 인사들 중 한 사람이 되었다. 교황과 황제들 사이의 어려운 문제들을 성공적으로 해결하기도 했다.

베르나르의 설교는 매우 유명했다. 새로 교황이 된 에우제비오 3세에게 교황직의 의무와 책임을 써 보냈다. 교황은 그를 전적으로 신뢰하여 알비파 이단을 대항하는 설교를 시켰고, 프랑스와 독일에 제2차 십자군 원정을 선전하는 특사로 임명하기도 했다.

베르나르는 신비주의자로 유명하여 그의 신비주의를 "그리스도 신비주의"Christus Mystik라 한다. 신인 연합의 대상이 예수 그리스도이다. 그리스도가 인간 안에 살아 계신다고 느낄 때 비로소 우리는 신과 그의 지혜를 배우게 되는데, 베르나르의 이 체험을 "영적 결혼"이라 표현한다. 산 인격이신 그리스도와의 결혼적 일치, 신부의 뜨거운 사랑으로써 그리스도를 섬기고 그와 사귀는 합체를 말한다. 이러한 강렬한 사랑의 신비주의가 그의 "그리스도의 신비주의"이다.

교만한 자는 비참하고 멸시받을 자들이다. 겸손의 기초 위가 아니고서는 어떤 영적 건축도 불가하다. 사랑에 의한 신과의 신비적 일치를 구하려 신을 관상觀想하려는 자는 전심전력으로 구하지 않으면 안 된다. 하나님을 사색할 뿐만 아니라 사랑하면서 사색하지 않으면 안 된다. 하나님은 사랑 자체이시기 때문이다. "싸늘한 가슴에서는 따스한 말이 스며들지 못한다. 사랑이 없는 마음에서는 사랑의 노래가 울려 나오지 않는다."

하나님과의 일치를 위해서 내 영혼을 깨끗하게 하고 장애물을 제거하고 마음의 정화 속에 하나님을 관상한다. 하나님을 사랑하면서 발전해

나간다.

사랑에는 4단계가 있다. 첫째는 내적 사랑인데, 이는 자기 자신을 사랑하는 단계이다. 둘째 단계는 공리적 사랑이다. 이 단계는 이기적으로 하나님을 사랑하는 것이다. 셋째 단계는 아들로서의 사랑이다. 이 단계에서는 하나님을 위해 하나님을 사랑한다. 넷째 단계는 정배적淨配的인 사랑이다. 둘을 하나로 만드는 사랑으로서 최고의 단계로 무보수의 사랑을 말한다.

하나님은 사랑이시기 때문에 하나님에 대한 우리의 예배와 송영도 "사랑의 꿈"에 담겨지지 않으면 안 된다. 하나님은 인간에게 사랑만을 요구하시며, 인간도 사랑을 통해 하나님에게 나갈 수 있다.

신인연합, 하나님과 하나가 되지 않고서 그에 대한 참된 확증을 가질 수 없다. 신인연합의 최고의 경지는 나 자신의 일관된 의식을 버리고 오직 하나님만을 의식하게 되는 황홀한 연합에 있다. 신과 인간 사이의 참된 연합이 이루어지며, 그때 인간은 하나님에 대한 가장 확실한 친지親知의 의식을 얻게 되는 것이다. 이와 같이 하나님과의 최고의 일치를 이루려면 모든 감각적 속박과 자아의식에서 해방되어야 한다. 황홀한 망아자실忘我自失의 경지에서, 엑스터시 체험에서만 일치에 도달할 수 있다. 이런 경험을 법열法悅이라 한다.

베르나르는 어거스틴의 영향을 받아 쓴 논문에서 "은총을 버리면 구원될 것은 아무것도 없으며, 은총을 버리면 구원의 방도가 없다. 그러므로 구원의 작업은 이 두 가지의 상호작용이 없이는 성취될 수 없다"고 했다.

베르나르는 수도원에서 늘 기도하며 엎드려 살아서 허리가 곱사처럼 굽어 있었으나 얼굴에서는 광채가 났다. 그는 때로는 3만 명 청중들에게 옥외의 설교를 했다고 한다. 구약 아가서를 많이 인용해서 4편의 설교를 지었다. 사랑은 발전하는 것이라 했는데, 그 세 단계를 불붙은 나무토막, 불타는 나무토막, 불을 뿜는 나무토막으로 나누었다.

베르나르를 "마지막 교부"라고도 한다. 그의 문장은 꿀벌통이고 그는 양봉업자의 수호성인이라고도 한다.

::소화 테레사::

소화 테레사 St. Teresa of Lisieux는 프랑스의 성녀로 갈멜회 수녀인데, 리주의 테레사 혹은 예수 아기의 테레사라고도 부른다. 1873년 프랑스의 알랑송에서 시계 기술자인 아버지의 딸로 태어났다. 테레사의 자매 5명이 수녀가 되었다.

15세에 특별히 허락을 받아 노르만디 리주의 갈멜 봉쇄 수녀원의 수녀가 되었다. 수녀원에서는 수녀원장의 보조 수녀가 되었다. 1896년 테레사는 중국 갈멜회에 가려고 했으나 건강이 악화되어서 중지하고 1897년 9월 30일 결핵으로 세상을 떠났다.

테레사가 쓴 자서전 『영혼의 이야기』는 전 세계로 퍼져 모든 사람이 그녀를 사랑하고 존경하게 되었다. 그녀의 사후에 많은 치유, 예언의 기적이 일어났다. 그녀의 유적을 사모하여 찾아오는 순례자가 계속 증가하므로 리주에 소화 테레사의 성당을 건축했다. 그녀는 현대의 인기 있는 성녀 가운데 한 사람이다.

그녀의 특징은 극단적 금욕생활과 작고 평범한 생활 속에서 실천한 극기와 그리스도에게 대한 사랑이다. 테레사는 "나는 하나님의 정원의 큰 꽃이 아닙니다. 작은 꽃입니다. 나는 큰일은 못합니다. 작은 일밖에 못합니다"라고 했다. 그래서 그녀를 "작은 꽃"이라 부른다.

그녀는 "오! 예수님, 저를 하늘에까지 올려 줄 승강기는 당신의 팔입니다. 이렇게 되려면 제가 커져서는 안 됩니다. 저는 작은 자로 작은 채로 있어야 하고 점점 더 작아져야 합니다"라고 고백했다. 그래서 테레사를 "예수 아기의 성녀 테레사"라고 부른다. 그녀가 남긴 정신은 "작은 자여, 내게로 오라"는 것, 아주 작은 자가 되기를 힘쓰는 일이다.

예수께서는 "천지의 주재이신 아버지여 이것을 지혜롭고 슬기 있는 자들에게는 숨기시고 어린아이들에게는 나타내심을 감사하나이다"마 11:25라고 하셨다. 잠언에 "어리석은 자는 이리로 돌이키라"잠 9:4고 되어 있다.

예수께서는 제자들을 "적은 무리"라고 부르셨다. 하나님에게 가까이 나가기 위해서는 누구나 소화 테레사처럼 "작은 자"가 되지 않으면 안 된다. 하나님은 그 크신 은혜와 자비를 가장 가련한 이에게 주신다. 테레사는 자기의 가련함, 자기의 연약함이 도리어 하나님의 자비를 끌어당기는 요인이 된다는 사실을 알았다. 그래서 자기의 병, 자기의 연약함을 도리어 사랑하기에 이르렀다.

테레사는 "나는 예수님 한 분을 사랑하기 위하여 태어난 목숨입니다. 나는 하나님에게 사랑 이외에는 바친 것이 없습니다. 중요한 것은 사랑뿐입니다"라고 고백했다.

병상에 누워 앓으면서 24시간 손에는 십자가 고상을 꽉 잡았고, 어떤 때는 5분 동안 잡념에 잠겼다가 뉘우치고 회개했다. 수녀들이 가끔 위문하러 오면 언제나 명랑한 미소로 영접했다. 어떤 수녀가 그림책을 가지고 와서 "치료로 적적한데 읽으라"고 하니, 받지 않고 다시 주면서 "이런 책이 내게 흥미를 이끌 것 같습니까? 이제 영원의 문턱에 와 있는데 이런 하잘 것 없는 것을 들고 마음을 흩어버릴 수 없습니다"라고 했다. 또 다른 수녀가 장미꽃 한 송이를 꺾어다 주니, 테레사는 손가락으로 조심스럽게 그 꽃잎을 뜯어 자기 손에 잡고 있는 고상의 상처를 조심스럽게 닦으면서 "주여, 봄 장미꽃으로 당신의 상처를 닦아 드리나이다"라고 말했다.

소화 테레사는 자주 각혈을 했다. 각혈을 하고 나서는 "난 이제 곧 주님을 뵈러 갑니다"라고 했다. 간호하는 사람이 "눈앞에 다가온 죽음이 두렵지 않나요?"라고 물으면 "아니, 더더욱 두려움이 가셔집니다"라고 했다.

어느 날 테레사는 성당에서 기도하고 있을 때 경험한 이야기를 했다:

"그때 갑자기 불타는 화살로 찔린 듯이 느꼈는데 어찌나 격심한지 죽은 것이 아닌가 하고 생각했습니다. 이 화살의 열기를 어떻게 설명해야 할지 알 길이 없습니다. 마치 보이지 않는 손이 나를 집어다가 통째로 불 속에 던지는 듯했습니다. 그것은 또한 얼마나 뜨거웠는지!… 나는 그 사랑에 탔습니다. 그것이 일 분이라도, 아니 일 초라도 더 계속되었으면 뜨거움에 못 견디어 죽고 말았을 것입니다."

그녀는 "열 네 살부터 나는 가끔 사랑의 열정을 느낀 적이 있습니다. 아아! 내가 얼마나 주님을 사랑했는지! 그러나 그것은 지금의 체험처럼 불꽃 속에 타는 듯한 것은 아니었습니다"라고 했다.

테레사의 구원에 대한 확신은 그녀의 고백에서 볼 수 있다:

"나는 비록 사람이 범할 수 있는 모든 죄를 다 지었다고 하더라도 언제나 같은 신뢰를 가지겠으며, 헤아릴 수 없는 숱한 죄라도 그것을 마치 타는 불 속에 던져진 한 방울의 물처럼 느낄 것입니다."

"갈망은 오직 예수 한 분. 이승에서 할 일은 오직 한 가지, 그것은 예수님께 작은 희생의 꽃을 바치고 어루만지며 예수님을 사로잡는 것입니다."

그녀가 얼마나 예수님 한 분을 사랑했는지 다음을 보면 알 수 있다.

"아아, 사랑입니다. 사랑을 주고받는 것입니다. 그리고 사랑을 사랑하게 하기 위하여 지상에 되돌아오는 것입니다."

"사랑은 내 목숨의 휘장을 해지게 하지 않고 사모의 정이 흘러내리게 할 것입니다."

1887년 7월 테레사는 십자가상 앞에서 "아아! 나는 이 거룩한 피가 헛되이 흐르게 내버려둘 수 없습니다. 내 평생을 고스란히 바쳐 영혼들을 위하여 이 성혈의 방울을 모으겠습니다"라고 하며 눈물을 흘렸다.

"성덕은 이러저러한 덕행 실천에 있는 것이 아닙니다. 그것은 주님의 손 안에서 작고 겸손히 자신의 나약함을 알고 하늘 아버지의 자비하심에 대담할 정도로 신뢰하는 마음을 가짐에 있습니다."

한 자매가 "테레사가 죽으면 주께서 천사들을 거느리고 나오실 것이며 그녀는 아름답게 빛나는 천사들을 볼 것이다"라고 했더니, 테레사는 "사람들은 무엇을 보고 싶어 하고 알아듣고 싶어 하지만, 나는 도리어 하나님도 성인도 보지 않고 신앙의 어둠 속에 머물러 있기를 더 바랄 뿐입니다. 그런 기대는 나에게 아무런 소용이 없습니다. 나를 길러 주는 것은 진리뿐입니다. 그러기에 나는 절대로 현실을 바란 적이 없습니다. 이 지상에서는 천국도 천사도 그대로 볼 수 없으니 만큼, 나는 죽은 뒤에 기다리는 게 더 좋습니다"라고 했다.

누가 테레사에게 "당신은 성녀입니다"라고 말하니, 그녀는 "아니요. 나는 절대로 성녀가 아닙니다. 한 번도 성인다운 행실을 한 적이 없습니다. 나는 주님의 은총으로 채워 주신 작디작은 영혼입니다", "나도 하나님의 밀이 되도록 고통으로 부서져야겠습니다"라고 했다.

소화 테레사의 임종은 애처로웠지만 성녀다운 아름다움이 있었다. 그녀는 곁에서 지켜보는 원장 수녀에게 "어머니, 임종입니까? 죽으려면 어떻게 하는 겁니까? 도무지 모르겠습니다. 어떻게 죽는 것인지…"라고 말했다. 테레사는 아기 같은 몸짓으로 악마를 위협하는 시늉을 하며 무서울 것이 없다는 듯이 미소를 지었다. 의사가 다녀가니 원장 수녀에게 "어머니, 오늘입니까?"라고 물었다. 곁에 있는 한 수녀가 작별의 말을 해달라고 청하니 "다 말했습니다.… 모두 다 이루었습니다.… 값진 것은 오직 하나, 사랑뿐입니다"라고 말했다.

최후의 순간, 언제나 두 손으로 잡고 있던 십자가를 보면서 "아아, 하나님!… 나는 당신을 사랑합니다"라고 마지막 말을 끝내고 성녀의 머리는 오른쪽으로 기울어 떨어졌다.

테레사 성녀의 임종한 얼굴은 백합화같이 아름다웠다. 눈은 하늘을 쳐다보고 있었다. 미소의 모습으로, 그리고 누군가 거룩하신 분이 쏜 사랑의 화살에 상처를 받은 듯이 성녀의 머리는 몇 번 움직였다. 두 손에는 십자가 고상을 꽉 쥐고 풀지 않았다. 입관할 때 억지로 빼낼 정도였다. 장례 날까지도 손발은 부드러웠고 열두 살 소녀 같은 모습이었다.

성녀가 임종을 길게 끌고 있을 때 활짝 열어 놓은 병실 창문 밖에는 어디서 몰려왔는지 많은 새들이 나뭇가지 위로 무리 지어 날면서 성녀가 숨질 때까지 지저귀고 있었다. 그런 일이 전에는 없었다고 한다. 마치 성녀의 영혼이 하늘로 떠나가는 것을 전송이라도 하는 듯이….

위대한 사랑의 순교자 테레사여
사랑의 길 찾아내신 소화여
첫째 기초 열렬한 사랑 순결한 사랑
많이 구하소서 우리 마음에
깊은 많은 겸손의 거울 테레사여
겸손의 길 가르치신 소화여
둘째 기초 겸손한 덕 참된 겸손을
깊이 얻으소서 우리 마음에

::아르스의 성자 비안네 신부::

아르스의 비안네 신부 Jean Baptiste Marie Vianney, 1786-1859는 프랑스의 사제이다. 프랑스가 가장 불안정한 시기에 농부의 아들로 태어나 정상적인 교육을 거의 받지 못했다. 리옹의 신학교에서 공부를 했으나 라틴어를 배우기가 무척 힘들었고 학력이 부족해서 퇴학당했다. 때문에 본당 신부로 고해성사권은 받았다. 세상에 알려지지 않은 사제로 40년 동안 주민이 겨우 230명인 작은 농장 마을의 고해소에서 가난한 사제로 살았다.

그는 가난의 고통을 겪으며 거처를 아주 소박하게 꾸몄다. 몇 개의 소나무 가구가 있었을 뿐이었고 나무 침대에 옷은 누더기나 조각보로 만들었다. 음식은 밀가루를 소금물로 반죽해서 손수 구워 먹거나 감자를 한꺼번에 한 솥 삶아 놓고는 곰팡이가 나도 다 없어질 때까지 두고 먹었다. 그러면서도 식사할 때는 육의 욕구를 억제하며 스스로를 "식충", "농군", "늙은 아담", "송장"이라고 불렀다. 자주 단식했고, 고행대와 쇠 허리띠를 매고 스스로 자기 몸을 채찍질하여 거실 벽에는 핏자국이 묻어 있었다.

그 지방 주민들이 신부를 찾아오지 않으므로 신부는 그들을 찾아가기로 하고서 가족들이 다 모이는 점심시간에 모든 가정을 일일이 규칙적으로 방문했다.

1824년 아르스에 온 지 6년 되던 해부터 마귀가 신부를 괴롭히기 시작하여 35년 동안 계속되다가 신부가 죽기 6개월 전에야 마귀의 시험은 그쳤다. 36년 동안 마귀의 작란은 집요했는데, 신부가 고해소에 있을 때면 밤새 소음을 내고, 잔인한 행동을 하고, 침실에 화재가 발생하기도 하며, 기도하는 신부 곁에서 물장구를 치고, 마당에서 요란한 소리를 지르기도 했다. 어떤 때는 문이 부서져라 두들기며 "비안네야, 비안네야, 이 감자벌레야! 우리가 너를 기어이 잡아가고 말겠다", "이 먹두꺼비야, 너는 나한테서 벌써 만 명도 더 되는 영혼을 찾아갔지!" 하면서 소란을 피웠다.

이런 상황에서 비안네 신부는 신심이 부족한 아르스 마을을 성화시켰다. 사람들은 비안네 신부를 "인간 육체에 깃들인 천사" 같다고 했다. 그의 명성은 프랑스 전역뿐만 아니라 외국에도 알려져 사람들이 그를 방문해 와서 고해성사를 하기도 했다. 약 2만 명이나 되었다. 그는 하루 16-18시간 고해성소에 있었다.

비안네 신부는 "겸손, 겸손, 겸손! 우리가 성인이 못되는 것은 교만 때문이다. 교만은 모든 악을 엮는 묵주요, 겸손은 모든 덕을 엮는 묵주이다"라고 했다.

"나 혼자서는 아무 가치도 없다. 나는 마치 다른 숫자들 가운데서만 가치를 가지는 영zero과 마찬가지이다."

"하루의 날이 시작될 때부터 나는 우리 주께 나를 강력히 결합시키기를 노력한다. 그리고 나서 그 결합이 되어 있다는 생각으로 모든 일을 한다."

"고통에는 두 가지 방법이 있다. 즉 사랑으로 고통하는 것과 사랑이 없어 고통하는 것이다. 성인들은 인내와 기쁨과 항심으로 고통하였는데 그것은 사랑하였기 때문이고, 범인은 분노와 원망과 권태로 고통하는데 그것은 사랑하지 않기 때문이다. 고통 중에 온전히 하나님에게 바쳐진 영혼들은 얼마나 감미로운 재미를 누리는가?"

"가시는 향기를 스며 나오게 하고 십자가는 단맛을 발산한다. 그러나 그것들이 가진 진액을 흘러내리게 하려면 가시를 두 손 안에 넣어 누르고 십자가를 심장 위에 죄어야 한다."

"심판 날에 우리를 안심시키는 것은 십자가뿐이다. 그날이 오면 우리의 불행들이 행복할 것이요, 우리 굴욕이 자랑스러울 것이다. 우리의 희생들로써 부유하게 될 것이다."

"알겠나? 이 사람들아! 댄스홀에 들어가는 사람들은 그 수호천사를 문밖에 버려두고 마귀와 함께 가는 것이다. 마귀들의 모임이니까."

5 내면적 영성

::마이스터 에크하르트::

마이스터 에크하르트Meister Eckhart, 1260-1327는 사색적인 신비주의의 최대 인물이다. 라인 강변 영성 그룹의 지도자라는 평을 받고 있다. 1260년 귀족 가정에서 태어났다. 이탈리아의 단테보다 5년 앞서 독일에서 태어났고, 단테 사후 7년경에 죽었다. 단테가 이탈리아에서 기여했듯이, 그는 독일에서 크게 기여했다.

청년시절에 도미니크 수도원에 들어갔고, 파리대학에서 수학한 다음, 1302년 수사修士 학위를 받았다. 그를 마이스터 에크하르트라고 부르는 것은 여기에서 유래한 존칭이다. 1304년 도미니크프의 작센 관구장管區長, 1307년 보헤미아의 주교 총대리가 되었다. 그후 한때 파리대학교에서 강의도 했으나, 1313년경 귀국하여 스트라스부르크와 프랑크푸르트 등지에서 생활하다가 쾰른에 정착, 그 시대의 가장 저명한 설교자의 한 사람으로 각광을 받았다.

그는 신비신학을 여자 도미니코회 수도회에서 가르친 최초의 사람으로 독일 신비주의파를 발단發端시킨 공로자이다. 그러나 그의 넘치는 천재성과 대담한 사변력, 독창적인 표현력 때문에 말년에는 범신론에 대한 의심을 받고 이단적 설교를 했다는 이유로 재판에 회부되었다. 그는 70세 노구로 아비뇽까지 찾아가서 자기는 이단을 가르칠 의사가 없었다고 변명했다. 그리고 1327년 여행 중에 사망했다.

그는 오직 하나, 즉 하나님에게만 관심을 가진 인물이었다. 그는 종교개혁의 선구자는 아니었으며, 끝까지 교회에 충실했다.

"인간은 하나님을 향하는 성질을 가지고 있다. 하나님에게 도달하기 위해서는 자기를 완전히 버리지 않으면 안 된다. 그러나 그것은 그리스도의 도움이 없이는 실현될 수 없을 만큼 어렵다.

하나님의 지음을 받은 모든 피조물 중에 가장 하나님을 닮은 영혼은 하나님에게 도달하는 일을 자연히 열망한다. 하나님과의 상이성은 영혼으로 하여금 그 상이성相異性을 잊어버리게 할 만큼 하나님 편으로 끌고 간다. 그것은 하나님과 일치하기보다는 하나님과 하나의 것, 같은 것이 되기까지 끌고 간다. 우리 영혼의 눈과 하나님의 눈은 오직 하나의 눈, 같은 바라봄, 같은 인식, 같은 사랑이 된다.

영혼과 하나님의 이 같은 완전한 일치는 영혼이 모든 것에서 이탈할 때 비로소 실현된다. 이 같은 일치는 영혼이 재산, 사고, 상상, 정신 등 여러 가지 상태의 활동들을 비롯하여 때때로 우리를 번뇌케 하기도 하고 구속하고 미혹하는 종교적 행위에서도 완전히 이탈하지 않으면 불가능한 것이다.

다시 말하면 우리는 공空이 되고 무無가 되고 완전히 가난해져 버렸을 때만, 즉 태어나기 이전과 같은 상태가 되었을 때만 하나님을 발견하고 하나님을 영접할 수가 있다. 일체 피조물에서 나 자신을 완전히 버릴 때에 하나님도 기적을 행하신다. 즉 하나님은 일치와 무한한 본성 속에 그 모습을 나타내신다.

영혼은 사막에서 연행된다. 거기서는 더 이상의 수고도, 의심도, 신앙도 없다. 거기서는 이해하기 위한 상상도, 성경 해석도, 교육받을 필요도 없다. 이렇게 해서 인간의 무한한 하나님에의 복귀가 실현된다. 하나님은 영혼 없이는 이해되지 못한다. 나 자신은 하나님 안에 내재內在하는 것이다. 하나님은 인간이 되셨다. 왜냐하면 내가 하나님이 되었기 때문이다."

라인 강변의 영성 그룹으로 알려진 독일 수도자(도미니크회)들은 신비주의자인 에크하르트, 헨리 수소(스위스), 요한 타울러 등이다. 독일인은 아니지만 루이스브레이크(네덜란드)도 이 계통에 속한다. 요한 타울러는 신비주의를 범신론으로부터 분리시켜 정통 기독교 안으로 끌어들였다. 인간의 품성과 생활을 성화시키지 못한다면 신비주의는 무가치한 것이라고 했다. 종교개혁자 루터는 이 신비주의의 감화 속에서 길러졌다.

"인간의 심령은 소우주小宇宙요, 만물을 그 속에 포섭하고 있다. 마음의 정점에 신적 불꽃이 있는데, 그것은 하나님과 아주 닮아서 하나님과 합일할 뿐만 아니라 하나님과 하나이다. 이 불꽃이 하나님이다. 이 불꽃이 우리 인격을 하나님과 사귀며 하나님을 알게 하는 기관이다.

기본 진리는 하나님의 내재內在에 있다. 그것은 심령의 능력에 있는 것이 아니요 심령의 소지素地에 있다(순수 마음, 깊은 다음). 이 심령의 불꽃은 실제로는 하나님의 기氣의 미분자微分子이다. 으리 성정性情의 정화는 그것을 얻으려고 노력하는 것이지 처음부터 완전하게 주어진 것이 아니다."

독일 신비주의를 "내향성內向性 신비"라고 한다. 영혼의 심오에 집중하는 관상적인 방법을 사용하며, 우리의 내면의 깊이가 하나님의 깊이와 만나는 장소라고 했다.

영혼은 수동적이고 전적인 "공"空 이 되고 "정신의 전라全裸", 즉 자연적 인식의 모든 형식을 버려야 하나님과 본질, 즉 거룩한 삼위일체 안에 일치할 수 있다. 영혼과 하나님의 신비적 일치는 다른 수단이 없이 직접 본질적인 접촉(영혼의 본질과 하나님의 본질의 접촉)으로 실현된다.

에크하르트는 "신"God과 "신성"Godhead을 구별했다.

"'신성'이란 개발되지 않은 것, 모든 차별을 속에 포함하고 있는 '유'有의 영원한 가능성을 말한다. 신성은 지식이나 예배의 대상이 되지 못하는 것, '암흑'이요 '무현'이다. 삼위일체이신 하나님은 이 '신성'에서 나온다. 성자는 성부의 말씀이시요, 말해버린 성부의 사상이다. 성령은 '신의 나무의 꽃'이요, 성부와 성자를 통일하는 상호간의 사랑이다.

현실 세계가 실존해 있는 것이 아니라면 하나님은 하나님이 아니다. 하나님은 우리를 떠나서는 존재하실 수 없는 동시에 우리도 하나님을 떠나서는 존재할 수 없다. 하나님은 사물의 본질이요, 또 어떤 의미에는 만물의 본질이다. 만일 우리가 어떤 방법으로든 하나님과 합칠 수 있고 또는 하나님이 우리들 안에 살아 계실 수 없다면 우리는 하나님을 알 수 없다."

그는 그리스도로 말미암아 하나님 지식만으로 만족하지 않고 삼위일체의 근저라고 하는 소위 "심적 어둔 밤"까지 관찰하려고 했다.

에크하르트는 "영혼 이상의 그 무엇이 우리 영혼에 있다. 그것은 신성, 단순하며 순연純然한 '무'無이다"라고 했다. 우리는 경우에 따라 이것을 "힘"이라 부르기도 하고 혹은 "신의 불꽃"spark이라고도 불렀다.

"우주는 성부의 전 사상의 표현이요, 자연이라는 것은 신성의 아랫부분이다."

"창조 이전에 하나님은 하나님이 아니었다."

"성자가 없이는 성부의 하나님이 아니요, 다만 유有의 미개발적 가능성일 것이다."

그는 현상계를 "자연화한 자연"Diug enature nature이라고 하고 현념계現念界를 "자연화 되지 못한 자연"non natured nature이라고 불렀다.

인간 속 깊은 마음 소지素地

에크하르트는 "마음의 정점에는 신적인 불꽃이 있는데, 그것은 하나님과 아주 닮아서 단지 하나님과 합일할 뿐만 아니라 하나님과 하나이다"라고 했다. 그가 말하는 심령의 불꽃은 하나님의 기氣의 미분자이다. 이것을 "심령의 근저"라고 하는데, 에크하르트는 처음에는 이것을 우리를 하나님에게 변형케 하려는 매개물이라 했으나 나중에는 창조된 것이 아닌 신 자유神自由의 "유"와 본성의 내재라고 말했다.

"이 불꽃, 이것이 신이다."

이 불꽃은 신과 우리 영혼이 신비적으로 합일하는 것이요, 실제 생활의 목적인 신인식神認識의 극치이다. 이 불꽃이 바로 우리의 인격으로 하여금 하나님과 사귐을 가지게 하며 하나님을 알게 하는 기관이다. 이 주장은 그의 제자들인 수소, 타울러, 루이스 브레이크 등이 그대로 채용했다.

"지음 받은 것이 아닌 불꽃"

"우리가 하나님을 보는 눈은 하나님이 우리를 보시는 눈과 같다."

이 주장은 그를 비판하는 이들이 자기 신화의 모독이라고 비난했던 점이다.

"심령 속에는 심령 이상의 것이 있다. 순수무純粹無, 이름 있는 것보다 도리어 이름 없는 것, 알려지기보다 알 수 없는 것. 그것은 때로는 힘이요, 지음 받은 것이 아닌 빛이다. 신적인 불꽃이다. 모든 형식이나 명칭을 벗어난 절대적인 것, 그것은 지식보다 높고 사랑보다 높고 은혜보다 높다."

에크하르트는 성령의 살아 있는 현실적 활동과 이 세상에 있어서의 생활의 성화 문제를 즐겨 다루었다. 활동적 생활과 정관적 생활 사이에는 아무런 모순도 없다. 활동은 심령의 작용에 속하는 것이요, 정관은 심령의 본질에 속하는 것이다.

인간의 성품의 신화는 처음부터 완전한 것이 주어진 것이 아닌 고로 그것을 얻기 위해서는 노력해야 한다.

"말씀은 지극히 네게 가깝다.… 그대 자신 안에 깊이 잠기라. 침몰하라. 그 때 그대는 거기서 하나님을 발견하게 될 것이다"라고 에크하르트는 말했다.

에크하르트는 중세 기독교의 분수령 위에 섰고, 그의 사상은 종교개혁자들의 선구자 역할을 했다.

::신경건 운동::

중세 암흑시대라고 불리는 9세기 초부터 11세기(혹은 14-15세기)까지 150년간 세속 군주들이 교권과 수도원을 장악하고 지배하던 시대에 타락한 수도원의 개혁과 영성 운동이 일어났는데 "신경건 운동"Devotio Moderna이 그것이다. 수도원 개혁은 탁발수도회 운동이었다.

"신경건 운동"의 시작은 네덜란드 사람 게라드 그루테Gerhard Groote, 1340~1384이다. 그들은 기성 교회와 단절하지 않고 그 예배에 참여했으나 성경을 읽고 명상하며, 겸손과 사랑과 단순 생활과 도덕적 경건생활에 힘썼다. 사회 상류층과 지식층 영입하기를 꺼리고, 공동체 정신을 세우고, 자신의 잘못을 솔직히 대중 앞에 고백하고 충고는 기꺼이 받았다.

학교 교육은 지적 형성에 치우치면서 영적 형성을 등한히 하게 되는데, 신경건 운동은 영적 형성에 관심을 두었다. 신앙적 진리는 지적 문제가 아니라 가슴으로 경험하는 감성적 문제라고 했다. 그들은 성경을 읽고 도덕적 생활과 영성적 내면 개발에 힘썼고, 특히 역사적 예수의 고난에 깊은 애정을 가졌다.

신경건 운동이 배출한 가장 위대한 산물은 토머스 아 켐피스의 『그리스도를 본받아』이다. 이 책은 저자 개인의 독창적인 작품이라기보다 신경건 운동이 가르치고 실천하고 있는 생활을 정리하고 편집한 것이라고 보는 견해가 있다. 토머스 아 켐피스는 신경건 운동의 영향을 받으며 교육을 받았기 때문이다.

신경건 운동은 "영적인 변화"에 목표를 두는데, 그것은 순간적 환희의 경험보다 주님을 향하는 지속적이고 의지적인 결단의 순간에 시작된다. "영적 형성"은 점진적으로 이루어져 가는 것이기 때문에 훈련을 강조하며, 그것을 "영적 훈련"이라 한다. 우선 겸손과 순종을 이루려 한다. 그들은 교부들처럼 성경을 문자 그대로 받아들였다. 신경건 운동에서 영적 훈련의 궁극적 목적은 "마음의 정화"에 있다. 신경건 운동은 종교개혁운동과 루터와 칼빈에게도 영향을 끼쳤다고 본다.

::토머스 아 켐피스::

토머스 아 켐피스Thomas Á Kempis, 1379-1471는 독일 켐펜Kempen에서 탄생하여 1471년 네덜란드의 수도원에서 세상을 떠난 수도사이다. 1399년 새로 세워진 아그네스템베르크의 어거스틴회 수도원에 들어가 1413년 사제司祭 서품을 받고 부수도원장을 지냈다. 생애의 대부분을 그 곳에서 지냈다. 오랫동안 수련장으로 있으면서 신입 수도자와 젊은 수도자들로 하여금 그리스도의 생활과 주의 고난을 묵상케 하려고 저술하였다. 그중 하나가 『그리스도를 본받아』이다. 이 책은 복음서 다음으로 많이 읽히는 영원한 베스트셀러이며, 인간의 손으로 쓴 작품 중 최대의 걸작이라고 한다.

『그리스도를 본받아』의 내용은 완덕을 동경하는 수도자의 체험사이다. 경건생활에 힘쓰는 수도자들뿐만 아니라 전 세계 교파를 초월해 모든 그리스도인이 교훈 받아야 할 책이다. 저자는 우리 영혼과 그리스도와의 일치를 이루는 데 없어서는 안 될 기본 조건은 겸손이라고 역설했다. 겸손이란 자신의 가련함을 인식하는 일이며 지적, 도덕적, 정신적으로 무능함을 철저히 확신하는 일이다.

『그리스도를 본받아』는 4권으로 분류되는데, 보나벤투라가 말하는 완덕의 패턴인 정화, 조명, 일치의 순서대로 썼다. 첫째는 세상의 헛된 지식을 경멸하고 마음의 통회를 이루어 평화를 얻는 길을 말했다. 그리스도의 고난을 따르며 겸손을 배우고 자기 정화를 위해 금욕생활을 수련할 것을 말했다. 둘째는 하나님과 십자가에 못 박히신 예수 그리스도의 무한하신 은혜와 그 은혜에 대한 우리들의 배은망덕을 생각하고 하나님 앞에 사랑으로 겸비해지는 일이다. 셋째는 신자가 금서의 모든 일이나 내세의 모든 일을 하나님의 뜻에 맡기고 신적 위로를 받기 위한 준비, 넷째로는 영혼과 그리스도와의 일치를 이루는 데 불가결한 조건으로 자기포기를 역설했다.

우리는 누구나 피조물에 애착을 가지고 있다. 내심의 자유를 회복하기 위해서는 감정이나 지적, 도덕적 여하 불문하고 모든 일에 자기포기를 하지 않으면 안 된다. 자기포기는 곧 생명을 낳는 죽음이다.

"만일 우리가 그리스도와 함께 죽었으면 또한 그와 함께 살 줄을 믿노니"롬 6:8.

그는 우리가 하나님과의 신비적 합일을 이루는 유력한 경험은 주님의 성만찬에 참여하는 일이라고 하며 성만찬을 권면한다. 성만찬 자체가 그리스도와의 신비적 연합의 절정이다.

우리가 겸손과 자기포기에 의해 영혼이 해방될 때에 우리 영혼은 대비상飛翔을 이룬다. 영혼이 올바른 의향意向을 가지고 하나님을 향하면 피조물이나 자기 자신에게 패배해 넘어지지 않는다.

여러 가지 일에 관심을 두어 마음을 분산하게 하여 분할하지 말고, 자기애를 혼합하지도 말고 순수한 사랑으로 하나님을 사랑해야 한다. 토머스 아 켐피스는 영성생활에 두 가지 긴요한 것이 있는데 "의향을 단순하게 가지는 것과 감정을 순결하게 가지는 것이 우리를 지상의 사물에서 이탈케 하여 높이 비상시키는 두 가지 날개"라 했다.

이렇게 하여 우리 영혼과 하나님과의 일치가 완성된다. 먼저 정신은 하나님의 현존과 그 위대함을 관상하고 동시에 자기 자신의 허무를 생각한다.

"우리 영성생활은 마음(내심)에 있어 하나님과 함께 걷고 외계의 그 어떤 사물에도 애착하지 않는 내적인 상태다."

영성인은 내면적인 사람이 되어야 한다. 우리의 의지로 자신을 전적으로 하나님에게 맡기고 살아야 한다. 이 같은 전적 위탁이 영혼과 하나님과의 일치이다. 그것은 "하나님 안에 전적으로 용해되어 사랑 안에 사는" 일이다. 우리가 받을 하나님의 은혜는 기적이나 환상이 아니라 우리의 영성생활이 그리스도를 본받는 가운데서 성화되어 가는 일이다.

겸손하고 자기를 전적으로 포기하며 모든 일을 하나님의 뜻에 위탁하는 자는 신비적 관상, 즉 하나님의 감미로움을 체험한다고 그는 말했다. 이것을 "위로, 성열聖悅, 성열적 안식"이라 한다: "예수님과 진리를 사랑하고 참으로 내적이고 문란한 욕정을 해탈한 사람은 자유로이 하나님을 향하고 자기 자신을 초월하여 성열적 안식 속에 있을 수 있다."

"진리는 요란한 음성이 없이 마음속에서 말씀하신다. 어떤 사람은 책을 가지는 데 신앙이 있는 줄 짐작하고, 어떤 사람은 십자가 고상이나 마리아상이나 로사리오나 무슨 표나 겉모양에 신심이 있는 줄로 안다. 어떤 사람은 입으로 나를 모신다고 하지만 그 마음에는 내게 대한 생각이 별로 없다."

"나는 10년간 학교에서 연구한 것보다도 더 많은 영원한 진리의 이치를 삽시간에 통달케 하리라. 나는 음성의 요란한 진동이 없이, 여러 가지 의견의 복잡함이 없이, 허영의 외식도 없이 논쟁도 없이 가르친다. 세밀한 연구에서보다 모든 것을 버리는 데서 영적으로 진보한다. 밖의 일에 관심하지 말라."

6 관상의 영성

::고난의 영성의 특징::

아빌라의 테레사를 중심으로 알칸타라의 베드로나 십자가의 요한 등 스페인 성인들의 특징은 고난 속의 영성이란 점이다.

성녀 테레사는 그녀의 지상적 생애가 길어지는 것을 보고 영원한 사랑을 갈망하는 자기의 마음을 진정시키는 유일한 수단을 하나님을 위해 고통하는 일 속에서 발견하고 "주여, 죽음이 아니면 고통을! 저는 당신께 이밖에 다른 것을 원하지 않습니다"라고 탄원했다.

십자가의 성 요한은 그가 하나님을 위해 크게 봉사한 보상으로 무엇을 원하느냐고 주께서 물으셨을 때 "당신의 사랑을 위해 고통하고 멸시받기를 바랄 뿐입니다"라고 대답했다.

고통에 강한 영혼은 주께 대한 사랑에도 강하다. 성령께서는 육체의 고난, 병, 시련, 멸시, 박해뿐 아니라 무미건조, 마음의 고독, 신적 모든 빛과 도우심의 상실이라는 자기 정화의 좁은 길, 무와 어둠 속에서 우리 영혼에게 사랑의 불꽃을 태우신다. 이 같은 사랑의 불꽃에 의하여 우리 영혼은 자기 자신에게서 나와 전혀 새롭게 되고 새로운 존재 인식으로 옮겨진다.

사랑은 사랑하는 대상을 위해 자신을 희생하려고 애쓴다. 사랑하는 이를 위해 결코 피곤을 모르고 고통을 감수하는 인내가 생긴다. 그런 영혼은 어떤 피조물 안에서도, 하나님 안에서까지도 결코 자기의 즐거움이나 위로를 구하지 않는다.

::이냐시오 로욜라::

로욜라의 이냐시오Don Inigo de Loyala, 1491-1556는 1491년에 스페인 로욜라 성에서 귀족의 막내아들로 태어났다. 그가 태어난 시대는 바야흐로 종교개혁의 전조를 보이기 시작하던 인문주의 르네상스 시대였다.

젊었을 때 이냐시오는 왕실의 재상이었던 후안 벨라스케스 데 케야르의 시동侍童 노릇하면서 기사도를 닦으며 작은 결투에 휘말려 소란을 피우기도 했다. 무사武士 수업이 시들할 때에는 여자들과 도박으로 세월을 보냈다. 이 기간 로욜라는 카를로 황제의 막내 누이 카타리나를 흠모하여 그 뒤를 따라다니기도 했다.

1521년 이냐시오는 스페인과 프랑스 국경의 요새에서 전쟁에 나갔다가 오른쪽 다리 무릎 아래에 포탄을 맞아 관통상을 당했다. 두 번 수술하고 혹독한 고통 중에 몇 달 치료하는 동안 무료함을 달래기 위해 『그리스도의 생애』, 『성인열전』, 『성인들의 꽃』등의 책을 읽었다. 그는 병상에서 이런 책들을 읽으면서 크게 감동받았고, 성 프란시스와 성 도미니코에게서 특별히 감화를 받았다. 여기서 그는 영성의 시발점인 "영성의 식별"에 대해 눈을 뜨기 시작했다.

이냐시오는 영성수련의 효과를 느끼기 시작하면서 사람이 올바른 행동방식에 도움이 되는 방법과 규칙을 발견하게 된다면 그것을 수련함으로 더욱 하나님의 은총에 따라 살 수 있다는 것, 그리고 하나님의 가장 큰 영광을 위해 우리가 할 수 있는 것은 고행이라는 것을 깨달았다.

몸이 회복된 그는 예루살렘 성지를 순례하기로 계획하고 바르셀로나로 향해 가다가 페스트가 창궐하므로 예정을 취소했다. 1522년 3월 몬세라트 수도원을 향해 길을 떠났는데, 도중에 순례자들이 입는 걸인 옷을 얻어 입고 수도원에 도착하였다. 그는 타고 온 말과 귀족 신분을 드러내는 복장을 수도원에 바치고 군도와 장검은 성모께 봉헌했다. 신부에게 총고해를 한 후 만렛사로 가서 도미니코 수도원 골방을 빌려 살며 걸인 노릇을 하면서 사람들의 멸시와 조롱을 받는 것을 보속정신으로 삼았다.

이냐시오는 만렛사 가까이 있는 카르도네르 강변 동굴에서 일 년 동안 기도하면서 신앙의 신비, 삼위일체, 창조, 그리스도의 인성의 영적 조명의 체험을 얻었다. 미사 도중에 성체에서 예수님의 모습도 보았고, 기도 중에 악마들의 심한 유혹과 괴롭힘을 받기도 했다.

여기서 그는 유명한 『영신수련』의 초안을 썼다. 이 책에 대한 공식적인 기록은 그 후 그가 파리와 로마에 머무는 동안 썼다고 되어 있다. 만렛사의 체험은 그를 완전히 다른 사람, 전혀 새로운 사람이 되게 했다. 이때 새로운 지성을 받았다고 느낄 정도였다. 그 후 그의 기도는 모든 것에서 하나님을 찾고 발견하려는 내면적인 노력을 향한 것이 되었다.

자신이 그리스도의 협력자가 되라는 소명을 받았다고 느꼈다.

1526년 11월, 이냐시오가 종교재판을 받아야 할 일이 생겼다. 이냐시오와 그와 함께하는 이들은 신비교神秘敎의 경향을 띤 조명파Alumbrados의 일파였는데, 그들이 정적주의적인 성향을 가진 종파의 신봉자라는 의심을 받았기 때문이었다. 로욜라는 22일 동안 감금되어 그의 『영신수련』이 세밀히 검토되었고 심사를 받았다.

1528년 이냐시오는 파리에 유학했는데, 어떤 때는 암살 음모를 당하면서도 새 동지들을 얻었다. 파리의 몽테뉴 학원과 생트바르브 학원에서 철학 공부를 하는 동안 학비 조달을 위해 구걸 여행을 했다. 적극적으로 예수를 닮기로 노력하는 영성수련을 하면서 적극적인 사도적 삶을 살려는 동료들과 사귀며 몽마르트 순교자 성당에서 청빈과 순결, 예루살렘으로 순례할 것을 서원했다. 그 동료들 중에 후에 동양에 최초로 선교사로 온 프란시스 사베리오도 있었다.

그 후 그들은 로마에 가서 교황도 만나고 이단에 몰리기도 하면서 그들의 수도회를 창설하기로 결의하였다. 그들의 수도회를 "예수회"로 하기로 결정하고 회칙을 만들었다. 이냐시오 로욜라는 회장이 되었다. 이냐시오는 바쁜 생활 중에도 가는 곳마다 영신수련을 지도했다. 그리고 동료 프란시스 사베리오를 인도에 선교사로 파견을 보냈다. 1556년에는 수도회 회원 수가 천 명 가까이 되고, 그들이 활동한 지역이 110개나 되었다.

그는 평소에 심한 담낭염으로 고생했다. 이냐시오는 생존시에 머리에서 후광이 났다고 한다. 그는 1556년 7월 31일 65세 나이로 세상을 떠났다. 교황 그레고리 15세는 이냐시오를 성인의 반열에 올렸다.

이냐시오의 영적 양성(영신수련)의 결정적인 도구는 한 달 동안 행하는 "영조"(靈操: 영신수련)였다. 최초의 동지들의 영적 양성의 근본 조건은 1개월간의 영조 과정이다. 이는 양심을 투명하게 하는 것, 이전 생활 전체를 반성하고 총고백하는 것, 자기의 죄, 주님의 생애와 죽으심, 부활, 승천에 관한 성경구절을 묵상하고 관상하는 것, 주 안에서 배운 대로 염도念禱와 구도口禱를 하는 것 등이다.

만렛사 동굴에서 이냐시오의 영적 양성의 최대 부분을 차지한 것은 입으로 드리는 구도와 생각으로 드리는 염도였다. 하나님과의 일치를 위한 본질적인 길은 긴 시간의 기도이다. 그들 "기도의 모임"에서는 1시간 반 혹은 2시간 동안 기도한다. 그러나 이냐시오는 긴 기도를 그리 강요하지 않았고, 일하는 현실 안에서의 하나님과의 친교를 권장했다.

그러나 기도는 목적이 아니라 하나님을 위한 봉사라는 목적의 수단이다. 영조를 통해 영혼을 양성하기 위하여 금욕과 자기포기를 강조했다. 하나님을 사랑하는 데 방해되는 것은 산만한 정념과 자기애의 개인적인 추구였다. 규칙을 위반한 자에게는 공공연하게 중한 벌을 주었다.

이냐시오의 기도

그리스도의 영혼은 Anima Christi

그리스도의 영혼은 나를 거룩하게 하시고,
그리스도의 육신은 나를 구하소서.
그리스도의 성혈은 나를 취하게 하시고,
그리스도의 늑막에서 흘리신 물은 나를 씻으시며,
그리스도의 고난은 나를 굳세게 하소서.

오 착하신 예수여! 나를 들어 허락하소서.

당신 상처 가운데 나를 숨겨 주소서.

내가 당신으로부터 떨어져 나가도록 허락지 마소서.

악한 원수로부터 나를 지키소서.

내 죽는 시간에 나를 부르시어 당신께로 나아가게

나를 바로잡아 주소서.

이로써 당신 성인들과 함께 당신을 찬양하리다.

영원으로부터 영원에 이르기까지…

아멘.

이냐시오의 기도 방법은 관상기도이다. 아빌라의 테레사나 십자가의 요한의 기도 방법도 관상기도다. 관상기도에도 두 가지 방법이 있다. 즉 무념적無念的; apopatic 방법과 유념적有念的; katapatic 방법이 있다. 무념적 방법은 청원이나 추리작용, 상상력을 멈춘 채 어둠 속에서 하나님 본질과 만나는 것이다. 하나님 사랑과 나의 사랑이 만나 사랑의 불꽃이 일어난다.

이냐시오의 방법은 유념적 관상이다. 주체와 객체가 일체가 된다. 예수의 사건이 내 사건이 된다. 주님이 내 안에, 내가 주님 안에 있는 상태를 관조觀照한다. 유념적이거나 무념적이거나 관상기도에서는 정감적情感的; affective 경험을 한다. 지성과 감성의 조화 체험이다. 이냐시오의 방법은 신적 실존이 성경이라는 매개체를 통해 인간 안에 경험되고 영성을 형성케 한다.

이냐시오의 유념적 관상기도는 복음서에 나타난 예수님의 생애의 사건들을 상상력을 통하여 내면화시켜 복음서의 이미지가 살아있는 사건으로 화하게 한다.

4주간으로 나누어 수행하는데 묵상자료가 매일의 순서에 따라 논술되어 있다. 그러나 반드시 4주간만 하는 것은 아니고 30일, 10일, 5일, 3일간 등으로 기간을 변경하여 할 수 있다.

첫째 주간은 인간은 공통적이고 기본적인 인생관을 묵상한다. 사람은 하나님께서 지으신 것이므로 하나님을 영화롭게 함과 동시에 인격완성을 이룩하는 데 그 목적이 있다. 죄에 대한 묵상, 양심 성찰, 총고백 등을 이 기간 중에 한다.

둘째 주간은 그리스도와 그의 몸 된 교회를 묵상한다. 그리스도를 충실히 따르는 자는 최후 승리를 하며 그리스도의 나라가 보장되어 있다. 그리스도의 신비체인 거룩한 교회는 세상이 마칠 때까지 인류의 성화聖化 사업을 계속한다. 사탄의 속임수에 넘어가지 않고 끝까지 그리스도께 충성한다.

셋째 주간은 예수님의 고난과 부활을 묵상한다. 고난의 십자가를 거쳐서 부활의 영복에 이르는 그리스도의 생애의 신비를 인식하는 동시에, 그리스도와 함께 수고하고 그리스도와 함께 영광에 들어가는 진실한 그리스도인의 생활관을 인식케 한다.

넷째 주간은 셋째 주간과 동일하면서 언제, 어디서나 하나님과 더불어 사랑으로 경합할 수 있는 사랑을 알기 위한 명상을 한다.

이냐시오의 수련방법에서는 예수님의 일대기一代記를 완전히 내면화하는 훈련을 하는데, 특히 예수님의 고난에 참여하는 아픔과 환희가 일어난다. 이냐시오는 그리스도의 십자가를 묵상하고, 상징적으로 성만찬을 이용했는데 성만찬을 들고 울고 또 울었다고 기록되어 있다.

이냐시오의 수련 방법에서 뛰어난 점은 신인접촉神人接觸의 매개체로 성경을 이용한다는 것이다. 그릇된 신비주의나 오류의 염려가 없는 교리적 우수성이 있으며, 어떤 계급이나 신분도 적응시킬 수 있고, 영신수련에 있어서 수월함이 있다. 진리 묵상의 명쾌한 순서, 기도와 하나님 사랑의 최고봉으로 이끈다.

이 계통에서 배출된 유명한 인물로는 프란시스 살레시오, 성녀 예수의 테레사, 토머스 머튼 등이 있다.

관상기도의 사례

무념적 기도

무념적 기도는 지도자가 없어도 혼자서 수련할 수 있다. 하루의 첫 시간을 택해 전날 저녁의 수련을 반복한다. 하루의 마지막 시간(잠자리에 들기 전)에 정리하고 다음 날의 계획을 세운다.

유념적 기도

성경 본문을 선택하고 본문을 거듭 읽는다. 그때 마음에 깊은 느낌이 온다. 주님의 임재를 경험하고자 침묵하면서 내면을 평정한다. 그리고 준비 기도를 한다.

길잡이 상념: 관상하고자 하는 성경의 사건을 생각한다. 예수님이 제자들을 파송하고 계시는 장소와 모습을 그려 본다. 사도를 파송하는 데 내가 바라는 은총을 기도한다.

관상의 깊이: 처음에는 구경꾼의 입장이지만 점차 나도 제자 중의 한

사람이 됨으로써 그 당시의 현장에 접촉한다. 보통은 한 시간 정도로 끝내지만 관상의 깊은 경지, 즉 수동적 기도가 되면 긴 시간 기도에 파묻힌다. 그것이 주부적注賦的 관상이다. 관상기도에서 중요한 것은 기도가 끝난 후에 반추하는 일이다(기도의 흐름, 성경의 영감, 메시지, 무엇이 문제인가? 기도의 목적과 효과 등).

::아빌라의 테레사::

아빌라의 테레사는 1515년 3월 28일 스페인 아빌라 성의 귀족의 딸로 태어났다. 부친이 두 번째 결혼한 부인에게서 난 열 자녀 중 셋째다. 그녀의 어머니는 덕이 높은 분으로 33세에 세상을 떠났는데 자녀들에게 기도를 가르치고 성모에 대한 신심을 심어 주었다. 소화 테레사와 구별하기 위해서 예수의 테레사라고도 부르며, 동명의 아기 예수의 테레사와 구별하기 위해 대大 테레사라고 부르기도 한다. .

처녀 시절 테레사는 몸을 가꾸고 머리를 꾸미고 향수를 바르고 허영심에 차 있었다. 한 청년과 사랑에 빠졌는데, 아버지는 그녀를 어거스틴회 수도원에 맡겨 연인으로부터 격리시켰다. 그 수도원에서 거의 일 년 동안 살면서 영원한 행복에 대한 소망이 싹트는 것을 느꼈으나 수도생활의 소명을 의식하지는 못했다. 그녀는 중병에 걸려 아버지의 집으로 돌아왔다. 그때가 그녀의 나이 열여덟 되던 1532년이었다.

몸이 쇠약하여 격렬한 심적 투쟁을 하다가 5년 후인 1535년 11월 2일 아버지의 반대를 무릅쓰고 수도생활을 선택하여 강생의 갈멜수도원에 입회하였다. 이로써 데레사는 그녀의 인생에서 두 번째 단계에 들어서

기 시작한 것이다. "나는 아버지 집을 떠날 때 참으로 괴로워 죽을 때도 이보다 더 괴롭지는 않으리라"고 생각했다.

강생 갈멜수도원에서 테레사의 영혼의 목마름은 하나님에 대한 애정으로 바뀌었다. 그녀는 거기서 영적 세계의 풍요함을 발견하고 놀랐다. 그러나 환경과 음식의 변화와 고행생활을 못 견뎌 2년 후 중병에 걸리고 말았다. 한편으로는 하나님이 그녀를 부르셨고, 또 한편으로는 세속에 끌렸다. 두 가지 상반되는 경향을 적당히 조화시켜 보려 했다. 그러나 이 같은 마음의 갈등 때문에 무척 고통을 겪었다.

테레사가 들어간 "인까르나씨오" 갈멜 수도원은 규칙이 해이해져서 10명의 수녀들이 매우 자유로운 생활을 하고 있었다. 영성적으로 매우 무미건조했다. 수녀들은 봉쇄를 지키지 않았기 때문에 테레사도 외출하거나 응접실에서 세속 사람들과 이야기하기도 했다. 내방객이 많고 기도하는 시간이 짧았다. 여기서 테레사는 27년 동안 자기를 이해하고 지도해 줄 고백신부를 만나지 못했고, 2년 동안 신경쇠약에 시달렸다.

테레사가 타협적인 생활 태도를 완전히 청산한 것은 40세가 되던 해였다. 45세 때 주님의 현시顯示를 받아 회개하고 신비적인 생활을 시작하였다. 테레사는 갈멜회를 초창기 정신으로 복귀시켜 더욱 엄격하고 봉쇄적이고 청빈을 실천하며 묵상 기도에 전념하는 소수의 공동체 수녀원으로 개혁하려고 결심했다. 성 요셉 수도원을 비롯해 17개 수녀원을 설립했다. 테레사가 새로 개혁 수도원을 세우고 이사 가면서 가지고 간 이삿짐은 누덕누덕 기운 수녀복 한 벌이었으며, 맨발에 허리에는 고행띠를 띠고 있었다. 테레사의 표어는 "활동하고 고통당하고 사랑하는 것"이었다.

테레사는 탁신託身 수도원에서 슬픔과 자비에 가득 찬 "이 사람을 보라"는, 예수님의 전신이 상처에 싸여 피 흘리는 성상聖像이 놓인 것을 보고 영혼의 밑바닥을 흔들어 진동시키는 것 같은 충동을 받고 달려가 그 성상을 안고 전신을 떨며 구슬 같은 눈물을 흘리면서 외쳤다.

"이 피, 이 피, 이 피! 예수님, 이 피에 대하여 나는 오늘날까지 얼마나 황송하게 살아왔던 것인가! 나의 여생을 예수님을 배반하지 않기 위하여, 이 피 한 방울이라도 땅에 헛되이 떨어지지 않게 하기 위하여 이 핏방울을 주워야 한다."

신비스런 현시나 황홀한 체험에 관하여 테레사는 "아무것도 구체적으로 영혼에게 나타나는 것은 없다. 내적 혹은 외적으로 그 어떤 이가 말없이 자기 곁에 있다는 것을 느낄 뿐이다. 내 안에 어떤 신령한 존재가 있어 나를 살게 하며 인도하며 보존한다"고 설명했다. 테레사의 신비생활의 원칙은 "하나님이 없는 나는 무無이며, 나에게 있어서 하나님이 전부"라는 것이었다. 테레사는 관상생활과 관상기도를 권장했다.
"왜 예수님의 친구가 못 되는가?"라는 질문에 대해 "고통을 주시는 것이 예수님이 친구를 대접하는 방법"이라고 대답했다. 테레사는 주님을 뜨겁게 사랑했기 때문에 주님의 고통에 동참하기를 갈망했다.

주여, 당신께서 내가 고통당하는 것을 바라신다면,
그러면 나 또한 그것을 바라리이다.
당신이 내가 많은 고통을 당하는 것을 바라신다면,

그러면 나 또한 많이 고통을 당하는 것을 바라리이다.
당신이 내가 위로 없이 고통을 당하는 것을 바라신다면,
그러면 나 또한 위로 없이 고통을 당하리이다.
당신이 택하시는 십자가는 모두 내 것이 되리이다.

그녀는 고통 받고 십자가에 못 박히신 예수 그리스도를 본받는 생활보다 더 좋은 것은 없다고 했다.

어떤 때 작은 천사(그룹 천사)가 아름다운 얼굴이 불타는 것같이 사랑으로 타면서 금창을 들고 나타났는데 그 창끝에 불이 타고 있었다. 천사는 그 창으로 테레사의 심장 부분을 찔러 장부臟腑 까지 꿰뚫었다가 빼기를 여러 번 했다. 창을 빼낼 때는 장부까지 함께 빠지듯 테레사를 하나님의 큰 사랑 안에 활활 타오르게 했다. 얼마나 아픈지 신음했으나 그 쾌미快味는 너무나 벅찼기 때문에 테레사는 그 고통이 멎기를 원하지 않았다. 이 체험이 여러 날 계속되었는데, 그 동안 테레사는 무아몽중無我夢中이어서 아무것도 보이지 않고 아무것도 들리지 않고 고뇌만 맛보았다. 그것은 테레사에게 있어서 이 세상의 모든 영광보다 뛰어난 영광이었다. 그녀는 큰 황홀과 함께 탈혼 상태에 깊이 잠겨 기뻐했다.

그녀는 어떤 때는 바위에 깔려 죽은 조카를 안고 기도하여 소생시키기도 했다고 한다. 기도할 때 테레사의 몸이 허공에 떠오르기도 했다.

아름다운 용모에 여러 방면의 깊은 지식을 가지고 "글을 쓰는 여인 중에 가장 위대한 사람"이라고 불릴 만큼 『자서전』, 『영혼의 성(城)』, 『완덕의 길』 등의 책을 썼다. 왕이나 고위 성직자에게도 바른 말, 충고를 하는 용감함이 있었다.

죽음이 가까워 봉성체를 받게 되었을 때 "나의 정배여! 주님! 기다리고 기다리던 때가 왔습니다. 사랑하는 주여! 우리가 서로 마주 볼 수 있는 때가 왔고 서로 이야기할 때가 왔습니다. 이제 갑니다"라고 했다.

"내 영혼아! 아무것도 근심하지 말고 아무것도 두려워 말라. 모든 것은 지나가고 하나님만이 변함이 없으시다. 인내는 모든 것을 얻는다. 하나님을 얻은 사람에게는 아무것도 필요치 않으며 하나님만으로 충분하다."

그녀는 1582년 10월 4일 저녁 67세로 세상을 떠났다. 성녀 테레사가 죽었을 때 그의 시신을 씻은 물에서 향기가 진동했고, 그녀의 무덤에서도 9개월 동안 향기가 났다. 살라만카의 사교 예로니모 만릭크는 몇 사람의 의사를 증인으로 세우고 테레사의 무덤을 파고 그 관을 열었는데 테레사의 유해는 썩지 않고 방향芳香을 풍기고 있었다. 검시한 결과 시체는 완전히 부패에서 면免해 있었고, 향료는 조금도 사용하지 않았다는 것이 입증되었다. 그들은 성녀의 심장을 도려내어 유물함에 넣고 어르바 데 트레미스의 갈멜회 수도원에 안치했다. 그런데 성녀의 심장은 몇 곳 상처가 있었고 상처 주위의 살은 얼마간 타서 그을려 있었다. 천사의 불타는 창을 맞은 증거다.

스페인 국회는 1617년에 그녀를 스페인의 주모로 선宣언했다.

::알칸타라의 베드로::
1499년 알칸타라에서 태어난 그는 성 프란시스의 작은 형제회에 입회하여 큰 고통과 열심 있는 염도念禱로 사람들의 주목을 끌었다.

1540년 페트로소의 수도원 창립으로 수도회의 개혁을 촉진했다. 성 테레사의 글에 의하면 알칸타라의 베드로는 40년 동안 매일 한 시간 반 이상 잠자는 일이 없었다고 한다. 처음 그에게 제일 괴로웠던 고행은 졸음을 이기는 일이었다. 그러기 위해 그는 언제나 무릎을 꿇거나 서 있었다. 한 시간 반 동안 얼마 안 되는 잠도 벽에 박아 놓은 말뚝에 머리를 기대고 앉은 대로 잤다.

그의 수실은 4자 반 정도밖에 안 되는 좁은 방이어서 누울 수가 없었다. 그는 일생 뜨거운 볕이나 소나기가 쏟아지는 날이나 결코 두건을 쓰지 않고 신을 신지 않았으며, 맨살에 거친 모직 의복을 입었는데 이 옷의 폭을 최소한도로 좁게 만들어 입었다. 그 위에다 같은 감으로 만든 외투를 입었다. 아주 추운 겨울에는 이 외투를 벗고 수실 작은 창문을 열어 찬 공기를 쐬고 다시 외투를 입고 문을 닫고 이같이 하여 자기 몸을 잠시 쉬게 했다. 음식은 3일에 한 번씩 취하는 것이 보통이었다. 습관이 되어서 별로 놀랄 일이 아니었다. 이런 환경에서 그는 큰 황홀과 신의 사랑의 열정을 경험했다

::십자가의 성 요한::

그는 1542년 6월 24일 스페인의 아빌라에서 북서쪽으로 24마일 정도 떨어져 있는 황량한 암석지대인 작은 마을 폰티베로스Fontiveros에서 태어났다. 그는 아버지 예뻬스 데 곤잘로Gonzalo de Yepes와 어머니 알바레스 까따리나Alvarez Catalina 사이의 셋째 아들로 태어났는데, 태어난

지 얼마 안 되어 아버지를 여의었다. 그 때문에 매우 가난하고 힘든 유년기를 보냈다. 1551년 온 가족은 메디나 델 깜뽀Medina del Campo로 이사했고, 여기서 성인은 고아들과 극빈자 자녀들을 위한 꼴레지오 데 독뜨리나Collegio de doctrina에서 목공, 재봉, 미장 등의 기술과 정규학습을 받았다. 그 후 자선 병원인 라스 부바스Las Bubas 병원에서 잡일과 환자들을 돌보았다.

요한에게는 어려서부터 성자다운 모습이 있었다. 그의 침대는 딱딱한 판자였으며 언제나 가슴에 양쪽 팔을 십자가 모양으로 하고 다녔다. 그가 태어난 16세기는 마틴 루터의 종교개혁으로 유럽의 교회들이 분열하여 교회 안팎이 매우 복잡하고 무질서해지고 신앙심이 해이해졌던 시절이었다.

1563년 21세의 나이에 갈멜 수도회에 입회하였으며 성 마티아의 요한이라는 수도명을 택하였다. 1567년 살라망카에서 서품을 받고 첫 미사를 드리기 위해 메디나 델 캄포로 돌아왔을 때 그는 두 번째 개혁 갈멜 수도원을 설립하기 위해 그곳으로 온 아빌라의 테레사를 만나 함께 수도원 제도 개혁을 시도했다.

1568년 두루엘로Duruelo에 개혁 남자 갈멜 수도원을 설립하고 이 수도원을 축성하면서 수도명을 '십자가의 요한'Juan de la Cruz; John of the Cross으로 바꾸었다. 다음해인 1569년부터 개혁 갈멜 수도원의 수련장, 아깔라Acala의 신학원장, 아빌라 강생 수녀원의 고백신부 등 여러 가지 임무를 수행했다. 이것은 개혁의 진척을 의미하지만, 완화 갈멜 수도회와 갈등과 마찰은 심화되어갔다. 완화 갈멜 수사들은 '개혁 운동을 혁명이나 반란 또는 위험하고 방자한 소행'으로 보았다. 따라서 개혁 운동의 주도적인 인물로 간주되었던 십자가의 성 요한은 그들의 특별한 공격 대상이 되었다. 이로 말미암아 성인은 자신의 생애에서 가장 극적인 시기를 맞이하게 되었다.

1577년 십자가의 성 요한은 납치를 당하여 9개월 동안 톨레도Toledo의 갈멜 수도원 지하 창고에 유폐되었다. 이때 성인은 암흑과 번민, 극도의 육체적 고통과 정신적 번민, 그리고 하나님의 전면적인 부재를 경험했다. 그 체험을 상징하는 것이 십자가이다. 이 무섭고 혹독한 시련을 극복하였을 때 신앙의 새로운 삶의 단계에 접어들게 되었고, 이 체험은 '어두운 밤'을 묘사하는 데 결정적인 계기가 되었다.

요한은 톨레도를 탈출한 후 여생의 대부분을 안달루시아Andalusia에서 보내면서 많은 저술활동을 했고 중책을 맡기도 했다. 그러나 마드리드에서 개최된 1591년의 관구 참사회에서 총대리 신부와의 마찰로 인하여 모든 직책에서 면직되었다. 그해 건강 악화로 우베다Ubeda 수도원으로 옮긴 후 거기서 49세로 생애를 마쳤다.

십자가의 성 요한은 1726년에 베네딕도 13세에 의해 시성되었으며, 1926년에는 비오 11세에 의해 '교회 박사'라는 칭호가 주어졌다.

십자가의 요한은 무엇보다도 대시인이었다. 스페인 까르틸리아 문학 사상 중 가장 뛰어난 작가로 꼽힌다. 그의 신비시神秘詩는 영상과 불꽃이 가득한 시로서, 그의 영능(카리스마)의 뛰어남을 말해 준다. 요한의 4부작은 시와 그 설명으로 되어 있다.

1) 갈멜 산 등정: 영혼의 능동적 감성과 정신의 정화
2) 어두운 밤暗夜: 영혼의 수동적 조명

3) 영적 아가: 하나님과 혼약 상태에 있는 영혼의 애타는 심정을 노래한 것
4) 살아있는 사랑의 불길: 영원한 선이신 하나님과 영혼의 결합을 노래한 것

원자의 핵을 파괴하면 무서운 에너지와 눈부신 빛을 발하듯이 영혼의 집중 밀도가 극으로 높아지면 사랑으로 부서지고 흩어져 영혼은 신적 에너지를 발생시킨다고 누군가 십자가의 요한을 그렇게 평했다.

그의 『영혼의 어두운 밤』은 놀라운 영적인 시로서 그는 어느 성인들보다 더 깊이 신비적인 묵상의 지식을 파고들었다. 『갈멜산 등정』과 『영혼의 어두운 밤』에서는 똑같은 밤의 두 가지 양상, 즉 능동적인 양상과 수동적인 양상을 다루었다. 우리가 신망애信望愛를 안고 하나님과 온전히 일치하기 위해서는 이 두 가지 양상의 밤을 지나가야 한다.

신비학자인 요한은 하나님 추구에 독특하고 차원이 높은 영성의 영역을 정립하여 많은 영혼의 길잡이가 되고 있다.

아빌라의 테레사는 말하기를 "십자가의 요한 신부와는 도저히 하나님에 대한 이야기를 나눌 수 없다. 왜냐하면 그는 즉시 탈혼 상태에 빠지고 남들까지도 빠지게 하기 때문이다"라고 했다.

신앙의 궁극적인 목적을 "하나님과의 일치"에 두면서, 이 사랑의 일치를 죽은 후나 부활한 후만이 아닌 현세적인 방법을 추구한다는 점에서 십자가의 요한의 신비 사상은 친밀감을 주고 삶의 지침이 된다.

불완전한 인간이 어떻게 절대자이신 하나님과 일치할 수 있는가? 그는 우리가 완전한 무無, nada가 될 수 있을 때 그 영혼은 온전한 전全,

toda을 획득할 수 있다고 주장한다. 그런고로 처절할 정도로 벗어던져야 하고 끊어야 한다.

그의 외침은 얼핏 보면 지나친 부정처럼 느껴지지만 어디까지나 신앙관에서 복음을 바탕으로 삼고 세상을 사랑의 완성으로 해방시켜 주는 긍정의 외침이다.

자기를 찾지 않는 인간으로 하나님의 것이 되고 전능의 사랑으로 변혁된 무nada이며, 모두를 주신 하나님을 얻기 위해 모두를 청하는 것이고, 사랑하기 위해 지어진 창조의 신비를 밝혀 주는 것이다.

그가 부르짖는 무無는 자연적이고 인간적인 것들을 업신여기거나 무시하는 것이 아니라 오히려 승화시키는 영성적인 삶을 가르치고 있다.

성 프란시스는 자연을 통하여 하나님의 사랑과 영광을 찬미했지만 십자가의 요한은 그와 반대였다. 영혼과 하나님의 관계는 인간이 피조물의 영향이나 그 기억력, 인간의 지력知力이나 의지까지도 봉쇄하는 곳에서만 가능하다고 한다.

십자가의 요한은 관상기도에 대하여 영적 관상은 어떤 대상을 바라보는 일이 아니라 대상이 없는 상태에 있다고 했다. 그는 "관상할 때는 우리가 이행할 수 있는 내적 활동이 있을 뿐이다"라고 주장한다.

"관상은 탈혼 상태와는 다르다. 관상은 인간의 지성으로만 아니라 사랑의 체험을 거쳐서 하나님을 알기 시작하는 일이다. 다른 노력이 필요 없고 많은 생각도 필요 없이 다만 단순히 사랑에 가득 찬 눈길로 하나님을 바라보면서 그 앞에 현존을 느끼며 있으면 된다."

"천국의 삶은 하나님과의 완전한 일치를 이루는 일이기 때문에 우리 영혼은 온갖 집착에서 정화되지 않는 한 하나님과의 완전 일치에는 이르지 못한다."

　십자가의 요한은 "어두운 밤"을 많이 말한다. 인간의 영혼이 하나님과 일치하기 위해서 준비되어가는 긴 정화의 기간, 그 중에서도 가장 어둡고 고통스러운 시기를 그는 "영혼의 밤"이라고 했다. 이 기간은 가장 쓰리고 가장 어두운 정신의 어둔 밤이며, 하나님과 일치하려는 영혼이 반드시 통과해야 하는 마음의 건조기, 정신적 사막을 의미한다.

　감각의 달콤함에 집착하려는 데서 우리 마음을 해방시키시려고 건조 상태보다 훨씬 더 고통스러운 내적 시련을 통해서 정신을 해방시키신다. 이 시련의 무서운 도가니를 거쳐야만 사랑은 완전히 정화된다. 마음의 건조와 시련에 또 다른 외부적 시련까지 겹친다. 불안, 불우不遇, 파산, 중상모략, 명예훼손, 악처에게 시달림, 불량 자녀들의 속 썩임, 유혹, 교회의 시련, 친족의 죽음, 피곤한 생계 등등. 이럴 때는 모든 자부심을 버리고 다만 하나님이 이끄시는 대로 맡기고 살 수밖에 없다.

　가장 쓰라리고 어려운 정신의 어두운 밤은 우리 영혼의 불순한 껍질을 벗겨 주고, 하나님과의 완전한 일치를 위해 마지막 장애를 제거한다.

　어두운 밤은 자기 자신을 떠나는 것이요 자기 정화淨化의 시기이다. 그러면서도 어떤 이들이 오해하듯이 어두운 밤은 지성이나 의지가 사라져 버리는 영적 애매함에 도피하는 일은 아니다.

　이렇게 세상의 것들을 포기하는 데서 오는 어둠은 어떤 종류의 신적 밝음으로 바뀐다. 우리는 모진 고통 속에서도 우리를 보다 높은 완덕으로 부르시는 하나님의 손길을 깨닫고 그 손길에 사랑의 입을 맞추어야 한다.

　이 같은 정화의 시기를 모두 "어두운 밤"이라 했다. 십자가의 요한에

의하면 "어두운 밤"에는 영혼 해탈의 연속적인 단계, 즉 황혼, 어두운 밤, 여명 등이 제시되어 있다. 황혼의 때는 감각적인 모든 대상을 거절하고, 어둔 밤의 때는 암흑 속에서 정신적인 온갖 대상이 우리에게서 해탈되고, 아침 여명에서는 하나님의 서광이 비치게 된다.

그러나 이 어둔 밤은 내적 생활의 능력이 혼수상태나 잠자는 것을 의미하는 것이 아니다. 도리어 그것은 활동적인 밤이다. 의지의 산물로 두 가지 결과를 가져온다. 즉 온갖 개별적 대상에 대한 애착심의 정화와 영적 생활이 무한히 용솟음쳐 나오는 그 창조적 원천으로 돌아가는 일이다. 영혼이 자기가 소유하였다고 생각하는 모든 인식을 버리고, 그를 유혹하던 모든 욕망도 끊어버리고, 밤에 끌리던 모든 대상들을 멀리할 때, 그는 이 어둔 밤에 들어가기 시작하는 것이다. 십자가의 요한의 신비는 영혼으로 하여금 완전히 순수한 활동을 하게 하는 일이다.

영혼은 하나님이 주시는 두려운 고뇌와 전율하게 하는 "어두운 밤"을 통과해야 한다. 언젠가는 이 완전한 정화의 과정을 밟아야 한다는 것을 명심해야 한다. 십자가의 요한은 자신의 신앙 체험을 "어두운 밤"에 비유해 표현했다. 그래서 그를 "신비의 밤의 박사"라고 부른다.

> "영혼이 하나님과의 합일로 가는 길, 즉 방법으로 보아 그런 것이니 이는 곧 믿음, 이성에게 어두운 것인 만큼 밤과 같은 것이다"(『갈멜산 등정』 제1권 2.1).

신앙의 어두운 밤을 통하여 적라赤裸와 심화 중에 하나님과의 일치로 향한다. 생명으로 인도하는 문은 좁고 그 길을 찾아내는 사람이 적다. 하나님을 모든 것 이상으로 사랑하려면 감각적, 그리고 시간적 일체의 것에서 벗어나 "감성의 밤"이 되어야 한다.

"밤이니 아무것도 보이지 않는다. 또 캄캄한 어둠이니 사물의 모습이나 형태를 보려고 머뭇거리지도 않는다. 이런 상태 속에서 느끼는 그 무엇, 내면의 길을 믿음이라 한다."

요한은 어두움을 둘로 나눈다. 첫째 어두움은 무지나 죄에 대한 자각이 부족한 것이요, 두 번째 어두움은 좀 더 적극적인 것으로서 빛이 너무 센 까닭에 눈이 부셔서 보지 못하는 상태를 말한다.

인간에게 있어서 믿음은 "어두운 밤"이다. 하나님의 모습을 닮아 창조된 인간에게 하나님을 닮지 않은 일체를 버리는 것이 요구되기 때문이다. 신앙은 인간에게서 빛을 앗아가 아무것도 볼 수 없게 하며, 촉감을 느낄 수 없는 어둠 속을 걷도록 요구한다. 그러나 그것은 역설적으로 빛을 주는 것이기도 하다. 하나님과의 합일이 목적인데, 이에 이르기까지의 과정을 밤이라 하는 데는 세 가지 이유가 있다.

1) 영혼이 지나가는 "출발점." 이승에 대한 온갖 욕망을 끊고 물리쳐야 하므로(박탈, 감각의 밤)
2) 하나님과의 합일을 위해 통과해야 하는 방법, 길이 믿음인데 믿음은 이성에게는 밤과 같은 어두운 것이기 때문이다.
3) 종국으로 생각해 낸 하나님은 세상 사람에게 어두운 밤이기 때문이다.

지식의 부정

"인간이 하나님의 예지와 합하려면 앎보다 차라리 알지 못함으로 나아가야 한다"(『갈멜 산 등정』 제1권 4,5).

"빛도 없이 길잡이 없이 마음속에서 타는 불빛밖엔"(『어두운 밤』).

인간은 이해의 테두리에서 자신을 밖으로 끌어낼 수도 없거니와 한정된 이성으로 하나님을 안다는 것은 더욱 불가능하다. 신앙의 지혜는 "무"의 길의 출발점이다. 인간의 한정된 이성으로는 최고의 존재 자체, 완전한 진리, 무한하신 하나님에게 접근할 수 없으나 자신이 모른다는 것을 알고 있다는 지知가 있는 무지無知의 가르침으로 드높여지고 분명해진다.

십자가의 요한의 첫 작품 『갈멜 산 등정』과 두 번째 작품 『영혼의 어두운 밤』에서는 온갖 피조물과 인간의 다양한 지식을 모두 부정했다. 그러나 그 다음에 쓴 『영적 아가』와 『살아있는 사랑의 불길』에서는 "돌아오기" 위한 방법으로 모두를 긍정했다. 지식을 전면적으로 부인한 것이 아니다. 십자가의 요한의 설명에 의하면 모든 것은 "가는 방법"인 동시에 "돌아오는 방법"이다. 둘은 같은 것이지만 초점의 과녁이 다르다. 인간이 이기주의와 욕망의 노예가 되어 하나님을 떠나 피조물 쪽으로 갈 때 그 피조물을 가리켜 "가는 방법"이다. 그러나 정신의 단계가 지나면 그런 것은 억지로가 아닌 자연스럽게 있는 그대로 인정하게 되고 오히려 그런 것이 하나님에게로 "돌아오는" 방법이 된다.

감각의 밤

어린아이가 성장해감에 따라 처음에 다루던 부드러운 사랑을 감추며 응석을 받아 주지 않고 젖에 쓴 것을 발라 젖을 떼고, 품에서 내려놓고 제 발로 걷게 하듯이 하나님도 우리의 영적 성숙을 위해 감각에 깃든 쾌락과 자양분을 떼어 버리고 삭막한 상태로 몰아넣으신다.

> "하나님은 그 빛을 몽땅 어둠으로 바꾸시고 전에 누리던 영적 감수 구멍을 밀폐해 버리신다"(『밤』 제1권 8,3).

이 감각의 밤은 "사막의 영성"과 같다. 아브라함의 방랑생활, 약속의 가나안 땅을 목표로 이집트를 떠났으나 사막을 40년 동안 방황하던 이스라엘이 걷던 것과 같은 신앙의 길이다. 이스라엘 백성은 천상의 음식인 만나를 먹으면서도 이집트에서 먹던 고기를 달라고 불평했다민 11:5.

감각의 정화를 위한 어둡고 메마른 관상

현대처럼 첨단의 감각적 자극, 쾌락, 기계화된 문명생활에 지치고 시달린 사람들은 영적 회복을 위해 관상 기도가 필요하다.

십자가의 요한은 『영혼의 어두운 밤』 첫머리에 "영혼의 노래"를 썼다.

> 어느 어두운 밤 초조하게 사랑에 타오르다.
> 오! 복되어라 행복하여라.
> 아무도 몰래 나가 버렸노라.
> 내 집은 이제 정적해졌기 때문에.

무질서하고 감각적이고 피상적인 삶에서 빠져나와 모든 것을 버린 무의 세계, 그것이 믿음의 길이다. 어두운 밤이긴 하지만 머지않아 새벽이 오리라고 믿으며 걷기 시작한다. 감성의 욕구와 맛과 도움이 사라진 다음이면 이성은 진리를 파악하는 데 맑고 자유롭기 때문이다.

정신의 밤

옛 사람의 마지막 더러움을 벗기시려고 정신적인 면, 지각, 맛, 욕망, 악의 욕망, 유혹 등을 남기셨다. 인간의 정신은 어둡고 순수한 신앙으로 걷지 않으면 안 된다. 이것이 하나님과의 합일에 이르는 가장 적절한 길이기 때문이다.

십자가의 요한은 "무"nada라는 어휘를 사용하면서 내적 허무처럼 온갖 것을 버리는 적나라한 체험, 가난, 아무것도 없는 텅 빈 체험을 말한다. 인간의 능력, 애착, 감성, 내적인 것을 모두 벗겨 버리고 지성을 어둡게, 의지를 메마르게, 기억은 텅 비게, 애착은 극도로 불안과 고민에 들게 하신다. 흐린 유리창을 닦듯이 인간 정신의 이기주의의 오점인 먼지를 닦고 하나님의 초자연적인 빛 안에서 하나님과 일치하게 하신다.

7 개혁자들의 영성

::마틴 루터::

마틴 루터Martin Luther, 1483-1546는 독일의 종교개혁자로서 1483년 11월 10일 독일 작센안할트 주 아이슬레벤에서 태어났다. 부친은 농부, 광부의 경력을 가진 분이요, 모친 마가레타는 하나님을 경외하고 늘 기도하는 겸양한 여성이었다. 루터가 어렸을 때는 가난에 시달려 모친과 함께 산에 나무하러 다니기도 했다.

1497년 마그데부르크로 이사하고 다음 해에 다시 친척이 사는 아이제나흐로 옮겨 3년을 지내면서 가난한 소년들과 함께 남의 집 문전에 서서 노래 부르며 빵을 구걸하기도 했다.

1501년 에르푸르트 대학에 입학했는데 루터는 두뇌가 명민하고 음악과 능변의 재능이 있었다. 친구들을 좋아했으며, 친구들은 그를 철학자 또는 음악가라 불렀다.

부모는 그를 법률가로 만들려 했고, 그도 처음에는 그런 뜻을 품었으나 21세 때 에르푸르트의 어거스틴 수도원에 들어가 수도사가 되었다. 친구와 둘이서 길을 가다가 소나기를 만나 큰 나무 밑에 피해 있는데, 별안간 벼락이 쳐서 곁에 있던 친구가 죽고 루터도 한동안 기절했다가 소생한 것이 직접적인 동기였다. 이때 루터는 자기를 하나님께 바치기로 결심하고 수도원에 들어갔다.

수도원에서는 열심히 규칙을 지키고 신학을 연구하고 수도원 도서실에 있는 유명한 이들의 책을 거의 암송하다시피 했으나 자신의 구원에 대한 의심이 사라지지 않았다. 심중心中에 계속 싸움이 있어 수도원의 경건한 고행으로도 그것을 누를 수 없었다. 어떤 때는 번민이 심해 졸도까지 했다.

수도원 생활에서 루터에게 가장 큰 감화를 준 것은 어거스틴회 수도원 총원장 슈타우비츠의 요한이었다. 그는 루터에게 성경 읽기를 권하고 "믿음으로 의롭다 함을 얻는" 진리를 가르쳐 주었다.

루터에게 결정적 감화를 끼친 것은 신약성경이었다. 그는 로마서 4장 이하에 기록된 사도 바울의 글에서 신앙의 신비스런 이치를 깨닫고 비로소 내심의 평안을 얻었다.

1508년에는 비텐베르크 대학의 철학 교수로 임명되었다. 1511년 수도원의 용무로 로마에 파견되었는데 거기서 로마의 부패상을 보고 개탄하며 돌아왔다. 그는 로마 시내에 있는 빌라도의 계단을 무릎으로 오르다가 중도에서 "오직 의인은 믿음으로 살리라"는 성경 구절이 생각나 벌떡 일어나 걸어서 올라갔다.

그는 수도원에서 슈타우비츠의 지도 하에 조직적인 연구를 하면서 어거스틴이나 베르나르의 서적을 애독했고, 특히 독일 신비주의자 타울러에게서 감화를 받았다. 1512년에 비텐베르크에서 신학박사 학위를 얻고 신학교수가 되었다.

 이런 생활 중에서도 그는 영혼의 평화를 얻지 못하고 죄의식으로 인하여 고통하였다. 이때부터 그는 아리스토텔레스 계통의 신학을 반대하기 시작했으며 어거스틴의 신비 사상에 마음이 끌렸다.

 루터의 사상은 수도원 안에서 길러낸 것인데, 그때까지 아직 로마 가톨릭에 반항하지는 않았지만 이미 믿음으로 말미암아 그리스도와 개인적 관계를 맺는 것이 구원의 기초라고 확신하고 있었다.

 루터의 마음의 의분義憤은 로마 가톨릭이 로마의 성 베드로 성당의 건축비가 부족하여 속죄권을 팔기 시작한 데서 폭발했다. 속죄권의 판매 특사인 테첼이 비텐베르크 근처에 와서 선전했기 때문에 루터는 그것이 비성경적이고 잘못된 것임을 부르짖었다. 루터는 마인츠 대감독 등 여러 지도자들에게 부당성을 성토하는 서한을 보내면서 동시에 테첼에 반대하는 65개 조문을 그에게 보내고, 비텐베르크 슈롯스킬 교회 대문에 95개 조문을 붙임으로써 공식적으로 로마교회에 저항했다. 그 내용에는 예수님이 참회하라고 말씀하신 것은 속죄권을 사서 되는 일이 아니고, 신자의 일생을 참회생활을 하라는 뜻이며, 교황의 속죄권은 소죄조차 속죄할 효력이 없다는 논박이었다.

 95개조 반항문은 전체가 불과 3천 마디도 못 되는 글이지만, 사방에서 환영하여 불과 2주 동안에 독일 전국에 보급되었다.

 루터는 종교개혁의 기치를 들면서 『독일의 기독교 귀족들에게 보내는 서한』(귀족들이 평민으로 교회 개혁에 협조할 것을 권면하는 글), 『바벨론 포로.』(교회 의식은 성만찬, 세례, 참회뿐이라고 주장하며 화체설을 부정했다), 『기독교인의 자유』(구원의 이치와 그리스도와의 인격적 합일을 고조) 등 세 편의 논문을 발표했다.

이 세 논문이 사회 모든 사람들에게 끼친 영향은 신속하고 심각했다. 그것은 교황에 대한 도전장이었다. 1518년 6월에 교황 레오 10세가 루터를 로마로 호출했으나 루터를 보호하는 프레드릭이 심문지를 독일 아우구스부르크로 옮기게 했다.

교황은 독일 국민 전체가 루터를 옹호하는 것을 보고 루터를 처벌하려고 황제의 힘을 빌려 보름스 의회에 루터를 소환하여 20여 권의 저서를 취소하라고 명했다. 루터는 하루의 여유를 달라고 요청하고 다음 날 다시 회의장에 나가서 "내 주장이 성경적으로 잘못된 것이 증명되기 전에는 취소할 수 없다"면서 "하나님이여, 나를 도우소서! 아멘"했다.

1516년 11월에 파문당했고 1520년 5월 15에는 교황의 정죄장이 내렸다. 그해 12월 10일 루터는 정죄장을 학생들과 시민들이 보는 앞에서 불살라 버렸다. 1521년 1월 2일 제2차 파문 선고가 내렸고, 그해 3월 26일 보름스 회의에 출두명령을 받았다. 루터는 "보름스 성城에 있는 모든 집 지붕위에 있는 기왓장의 수만큼이나 마귀들이 있을지라도… 나는 간다"면서 만류하는 이들을 뿌리치고 보름스로 출발하였다. 보름스에 1521년 4월 16일 도착한 루터는 다음 날 첫 번 청문회에 참석하였다. 트리에르 대주교의 고문관은 루터에게 두 가지 질문에 답하도록 물었다. 1. 그대의 이름으로 출판된 이 책들을 그대의 것으로 인정하는가? 2. 그대는 이 책들에서 쓴 내용을 철회할 준비가 되어 있는가? 루터는 첫째 질문에 자신의 책들이라 시인하고 둘째 질문에 대한 답변을 위해서는

하루의 여유를 구했다

4월 18일 루터는 황제 앞에서 담대히 답변했다. "성경의 증거와 명백한 이성에 비추어 나의 유죄가 증명되지 않는 이상 나는 교황들과 교회 회의의 권위를 인정하지 않겠습니다. 사실 이 둘은 오류를 범하여 왔고 또 서로 엇갈린 주장을 펴왔습니다. 내 양심은 하느님의 말씀에 사로잡혀 있습니다. 나는 아무 것도 철회할 수 없고 또 그럴 생각도 없습니다. 왜냐하면 양심에 반해서 행동하는 것은 안전하지도 못할 뿐만 아니라 현명한 일도 아니기 때문입니다. 하나님이여, 이 몸을 도우소서. 아멘."

루터는 5월 25일 저주 선언을 받았다. 다음 날인 26일 보름스를 떠났는데, 도중에 한 무리의 기병대가 나타나 그를 바르트부르크 성城에 데려다 주었다. 이것은 삭소니 선제후의 호의로서 루터를 구원해 보호하려는 계획에서 되어진 일이었다. 그는 그 성을 밧모 섬이라 부르면서 거기서 조용히 내성內省하면서 신약 전서를 독일어로 번역했다. 12월에 시작하여 다음 해 9월에 완성했다. 이 번역 성경은 그 후 길이 독일성경 번역 문체의 모형이 되었다.

1546년 1월 루터는 어떤 백작들 사이의 불화관계를 조정하려고 고향 아이슬레벤에 초청을 받아가서 일을 마쳤다. 2월 17일 가슴에 통증을 느끼면서 친구들이 둘러앉은 가운데서 시편 31:5 "내가 나의 영을 주의 손에 부탁하나이다"를 부르면서 평화 속에 임종하였다.

::존 칼빈::

종교개혁의 2대 인물을 뽑는다면 독일의 마틴 루터와 프랑스의 존 칼빈1509-1564이다. 칼빈은 종교개혁가로서는 제2기에 속한 인물이다. 마틴 루터가 95개조 항의문을 공포했을 무렵 칼빈의 나이는 8세였다. 그가 성년이 되었을 때는 신·구교 사이의 전투가 절정에 달했을 때였다. 그는 제네바 개혁가들의 운동에 힘이 되어 주었고, 그의 신학은 기독교 사상에 절대적인 영향을 끼쳐 그 이후의 개혁교회는 거의 그의 사상의 지배를 받았다 해도 과언이 아니다.

칼빈은 프랑스 비카르데의 노욘에서 탄생했다. 부친은 노욘 감독구의 서기였고, 모친은 루터의 어머니가 그랬듯이 종교적인 열심이 많은 여성이었다. 칼빈은 어려서는 건강치 못했으나 재질이 뛰어났다. 14세 때 파리대학에 입학하여 라틴어와 윤리학을 배우고 18세에 삭발했다(로마 교회 성직자는 머리 위 중앙의 머리카락을 둥글게 체발하는 풍속이 있었다).

때때로 설교는 했으나 정식으로 성직을 받지는 않았다. 마틴 루터가 대학 시절 법률 공부를 하다가 그만두고 수도원에 들어간 것처럼 칼빈의 부친은 그를 법학자로 만들려고 했다. 칼빈은 법학을 했으나 언제나 파고드는 성질이어서 잠도 적게 자고 면학했기 때문에 건강을 해쳤다. 머리가 영민해서 교수가 없을 때는 대신 강의를 할 정도였다고 한다. 문학과 히브리어 공부도 하다가 어느 프로테스탄트 교도의 권면으로 성경 연구를 시작하게 되었다.

1535년경 그는 "돌연적 개심"이라고 스스로 말하는 체험을 하였다.

"나는 오랜 동안 자기를 반성하여 왔는데 진리의 빛이 돌연 비추어 와서 내가 지난날 품고 있던 오류와 죄악 및 더러움을 깨닫게 했다. 그때 나는 나의 가련한 상태와 앞날에 있을 재화를 자각하고 떨었다. 나는 어찌할 수 없이 주님을 부르며 눈물과 부르짖음 속에 옛 생활을 버리고 주님의 길로 돌아가는 수밖에 다른 방법이 없었다."

예리한 이성을 가진 칼빈은 교회에서 가르치는 방법으로는 영혼의 평화와 안식을 얻을 수 없었다. 스스로를 내면으로 반성하고 눈을 들어 하나님을 우러르면 더욱 양심의 가책을 금할 수 없었다.

"내가 돌아갈 구원의 항구는 오직 하나뿐이다. 즉 그리스도로 말미암아 내게 주어진 하나님의 자비뿐이다. 나는 은혜로 말기암아서 구원을 얻는다. 나의 공덕이나 행위에 의해 구원 얻는 것이 아니다. 나는 믿음으로 말미암아 그리스도를 받아들이고 주님과의 사귐에 들어간다. 이것을 성경 용어로 '믿음으로 의롭다함을 얻는다'고 표현했다."

칼빈은 처음에는 로마교회를 존경하여 프로테스탄트 교도가 되는 일을 주저했으나 후에 교회를 바꾸는 일은 교회를 버리는 일이 아니라고 믿게 되었다.

그는 성경과 종교저인 진리 연구에 전심을 기울이면서도 세상에서 격리되어 조용한 세월을 보내기를 원했다. 그러나 그의 명성이 높아짐에 따라 파리에 있는 프로테스탄트 교도들은 칼빈을 지도자로 삼고 그의 종교적 교훈을 들었다.

그러나 칼빈의 종교개혁 사상과 프로테스탄트 교도들의 불경건한 거동은 로마 가톨릭 국가인 프랑스인들을 격앙시키고 조정의 분노를 야기했다. 칼빈은 프랑스를 떠나 스트라스브르그를 거쳐 스위스 바젤에 갔다. 여기서 그는 히브리어 연구를 시작하고 유명한 『기독교 강요』를 집필하였다. 그때 그의 나이는 26세였다. 그 후 그는 꾸준히 23년간 이 저술을 수정 증보했지만 책 속의 교의는 조금도 변함이 없었다. 당시 프랑스에서 프로테스탄트 교도들을 크게 박해했기 때문에, 이것을 써서 국왕 프란시스 1세에게 바쳐 박해자의 의혹을 해명하려는 동기에서 이 책을 저술했다고 한다.

칼빈은 프랑스인이요 법률 공부를 했기 때문에 루터보다 더 치밀하고 단련된 학자로서 그의 논술은 평민보다는 학자들이나 지식층에게 적당했다. 루터는 성격이 독일인답게 거칠고 의지적인 면이 강했지만, 칼빈은 프랑스인이고 법률가였기 때문에 예민하고 질서와 논의를 사랑하고 조직적인 재능을 가졌다.

칼빈의 생애의 방향을 전환시키는 사건이 있었다. 프랑스 귀족으로서 프로테스탄트로 개종했기 때문에 추방되어 스위스 제네바에 가서 그곳에 사는 프랑스인들에게 전도하던 윌리엄 파렐William Farel이 마침 여행 중이던 칼빈의 숙소에 찾아와서 "그대가 만일 하나님의 일을 하지 않고 고요히 살며 독서를 즐긴다면 하나님이 반드시 그대를 저주하실 것이다"라고 권하였다. 제네바에 머물러 개혁사업에 협조해달라는 간청에 못 이겨 칼빈은 그렇게 하기로 결심했다. 제네바 시민은 처음에는 칼빈과 파렐의 개혁을 받아들였으나 그가 지나치게 엄격하고 규율에만 치우치는 것에 반대하여 1538년 시민대회를 결의하고 칼빈을 제네바에서 추방했다.

그리하여 개혁에 실패한 칼빈은 스트라스브르그에 가서 3년을 지내면서 열심히 공부했다. 결혼하여 자녀 셋을 낳았으나 모두 일찍 세상을 떠났고, 아내도 9년 뒤에 세상을 떠났다.

제네바 시민들은 칼빈을 추방한 후 악한 풍속이 점차 증가되어 가는 것을 보고 다시 칼빈을 초청하였다. 그래서 그는 1541년 9월에 다시 제네바에 와서 살았다. 그리하여 제네바는 그의 고향이 되고 그의 교구 활동의 중심이 되었다. 칼빈의 준엄한 규율에 의해 악풍이 금지되고 제네바 시의 면목이 일신되었다.

제네바는 당시 유럽 여러 나라에서 개혁신앙 때문에 박해받는 자들의 피난처로서 영국인, 이탈리아인, 스페인인, 프랑스인 등이 박해를 피해 여기에 와서 칼빈의 사역을 도왔다.

칼빈의 베자Beza의 강연은 수천 명 학생들을 이곳으로 끌고 와서 그의 명성을 유럽에서 진동시켰으나 그는 지나친 과로로 건강을 해쳐 55세에 세상을 떠났다.

그는 검약하게 살고 자선 사업을 힘썼으며 세상 떠난 뒤 남긴 유산이 한 푼도 없었다고 한다.

::경건주의 운동::

루터의 종교개혁의 열기가 사라진 후 교회들은 침체 상태에 빠져들었고, 교리와 예배와 도덕적인 생활에 있어서의 형식주의에 흘렀다.

17세기부터 18세기에 이런 교회의 위기에 대한 반동으로 도덕적, 신앙적 열심을 회복하려는 운동들이 여러 면에서 일어났다. 16세기 말에서 17세기 초에 영국에서는 청교도 운동이 일어났고, 17세기에서 18세기 초에는 유럽에서 경건주의 운동이 일어났다.

같은 시대에 로마 가톨릭 안에서는 얀센주의 운동이 있었고, 유대교 안에서는 하시딤 운동이 일어났다. 영국 청교도 증에서 존 번연John

Bunyan, 네덜란드에서는 개혁가 필립 텔린크Philip Telinck, 독일 루터파에서는 필립 야곱 스페너Philip Jacob Spener, 모라비아파에서는 진젠돌프Nicholas Zinzendorf, 감리교파의 창시자 존 웨슬리 등이 일어나고, 미국의 장로주의자 길버트 테넌트Gilbert Tennent, 그리고 로마 가톨릭 안에서도 파스칼 블레이즈Pascal Blaise가 일어났다. 이들은 각각 그들이 속해 있는 입장은 달랐지만 같은 시대 비슷한 역사적 흐름에 호응을 같이 했다.

경건주의 운동은 처음에 칼빈주의자들 사이에서 일어났다. 중심적인 지도자는 보에티우스Gisbertus Voetius, 1589-1676였다. 그는 신자 각자의 경건 연습을 통하여 전체교회의 종교적 갱생을 일으켜 보려고 "수양집회"를 조직했다. 이것이 후에 독일에 전파되었다. 독일 루터교회에 있어서 경건주의 운동의 주창자는 필립 야곱 스페너Philip Jacob Spener, 1635-1705이다. 특히 스페너에게 큰 감동을 끼친 인물은 경건한 루터교회 목사 요한 아른트였다. 스페너 이외에도 경건주의 운동의 뛰어난 지도자는 프랑케August Franke, 1663-1727, 진젠돌프 등이 있다.

::요한 아른트::

요한 아른트Johann Arndt, 1555-1621는 1555년 12월 17일 빌랜스테트라는 작은 마을의 목사 아들로 태어났다.

아른트는 독일 루터파 신비주의자였으며 멜란히톤의 추종자였다. 알버트 슈바이처는 아른트를 "프로테스탄트의 내면적 선지자"라고 했다. 그는 인간의 심령 속에 그리스도의 영성이 있다고 주장함으로써 칼빈주의의 적대감을 야기했으며, 칼빈파 백작의 명령을 따르기를 거절했다. 토머스 아 켐피스의 영향을 많이 받았고 후일에는 경건주의자들의 존경을 받았다.

요한 아른트의 저서인 『진정한 기독교』 True Christianity 는 신비적인 저서이고 개신교 전통에서도 주요한 위치를 차지하는 책이다. 필립 야곱 스페너도 이 책을 읽고 큰 감동을 받았다.

아른트는 기독교인들의 두 종류의 위험한 분리를 비난했다. 하나는 믿음과 생활의 분리이고, 또 하나는 학문적 지식과 실질적 지혜의 분리이다.

아른트는 믿음과 회심으로부터 중생과 성화까지의 길을 여는 "독일 경건주의의 아버지"가 되었다. 경건주의 지도자들이었던 스페너, 프란케, 진젠돌프 등이 아른트의 영향을 받아 그의 주장을 발전시켰다. 전통적인 기성 기독교의 "사랑으로 역사하는 믿음"갈 5:6에 대한 창조적 상상력을 방해해온 썩은 부분을 과감히 제거함으로 사회 개혁을 조장했다.

아른트는 루터와 거의 같은 입장을 취하였다고 말하고 있는데, 두 사람 모두 독일 신비주의자인 요한 타울러가 제시한 동일한 영적 지도를 택했다.

그의 주장은 다음과 같다:

1) 학생들로 하여금 신학적 논쟁을 일삼지 못하게 할 것
2) 그리스도인들을 죽은 신앙에서 산 신앙으로 들어가도록 인도할 것
3) 지식이나 학식보다 신앙과 경건의 실행에 들어가도록 할 것
4) 참 신앙과 일치하는 기독교적 생활이 무엇인지 보여 줄 것

5) 바울이 말한 "내가 산 것이 아니요 내 안에 그리스도가 사신다"고 말한 뜻이 무엇인지 보여 줄 것.

::진젠돌프::

진젠돌프Nicolas Zinzendorf, 1700-1760는 독일 모라비아 교회의 지도자였다. 그는 드레스덴에서 태어났는데 부친은 작센 정부 내각의 각료였다. 부친은 진젠돌프가 태어난 지 6주 후 세상을 떠났고, 모친이 그를 데리고 고향에 돌아갔다. 진젠돌프가 4세 때 모친이 재혼하게 되어 진젠돌프는 조모집에 머물게 되었다. 그는 조모와 친분이 있는 스페너와 자연히 알게 되었는데, 그들은 열심 있는 성도들이어서 진젠돌프는 그들 밑에서 10세까지 교육을 받으면서 인격이 형성되었다.

그는 비범하게 경건성을 발현하는 특별한 아이로 자랐다. 예수 그리스도는 어린 그의 일상생활의 목적이었다. 그는 전심을 다해 그리스도를 사랑했다. 그는 종교적 감정을 기울여 편지를 써서 창문을 열고 허공에 내던져 날리면 그리스도께서 이것을 받아 읽으신 줄 믿었다.

성장한 후에 그는 말하기를 "내게는 단 한 가닥의 정이 있다. 즉 그(예수)이다. 다만 그 분만이다"라고 했다. 그의 신학은 마음의 신학이어서 다른 잡된 것을 섞지 못하게 했다.

10세 때는 할레에 있는 프랑케 학교에 입학하여 경건한 학생들과 사귀면서 "겨자씨 회"를 만들고 지도자가 되었다. 그 회의 목적은 하나님 닮은 인격 건설과 복음전파였다. 16세 때 비텐베르크 대학에 입학했는데, 숙부의 소원이 법률 공부였고 경건한 조모와 친척들이 모두 그 길을 권했기 때문에 할 수 없이 법학을 하면서도 몰래 신학 연구를 하였다.

학교를 졸업한 후 당시 귀족 청년들의 풍속에 따라 1719년 여행을 떠났다. 독일 각 지방을 순례하다가 뒤셀도르프의 회화관繪畵館을 관람하면서 "엑세 호모"라는 그리스도께서 가시관을 쓰고 피 흘리시는 성화와 거기에 쓴 화제畵題인 "나는 너를 위해 이같이 하였다. 너는 나를 위해 무엇하느냐?"라는 글을 보고는 그 성화 앞에서 발을 옮기지 못하고 서서 울며 회개하고 은혜를 받아 새로 하나님에게 헌신할 것을 결심했다.

29세 때 결혼하여 신부와 함께 베델스돌프 영지領地로 가는 도중 모라비아에서 탈주한 사람을 만났다. 그때는 별 생각 없이 그를 환영하여 피난처를 주어 거하게 했다.

그 후 경건한 목사 3인과 함께 "4형제 계약"을 만들어 십자가에 못 박히신 주님의 종교를 전 세계에 전파할 것을 목적으로 하고, 그 수단으로 말씀의 설교와 순회전도자와 학교와 출판과 편지 보내기 방법을 쓰려고 했다. 그러나 이 일을 하면서 진젠돌프는 자기의 소명이 여기에 있지 않은 것을 알게 되었다.

그 후에 관직을 사면하고 베델스돌프에 거주했다. 거기서 그는 모라비아파 감독 아모스 코메니우스가 쓴 『티티오 디스키 프리네』를 읽고 깊은 감동을 받아 모라비아 교회의 부흥에 전력하기로 결심했다.

마침 그 해(1727년) 8월에 헤른후트에 성령의 대강림 은혜가 있었고, 그 이후 죽기까지 진젠돌프의 일생은 실로 모라비아 교회의 역사 자체였다.

진젠돌프는 모라비아 교회의 지도자가 되어 "국교회 안에 한 작은 교회를 설립"하려는 초지初志를 일관하여 특수한 습관을 만들고, 해외 전도 사업을 될 수 있는 데까지 실행하여 교회로부터 승인을 얻게 했다. 그는 1737년 두 감독에게서 받아 성별식을 감독이 되었다. 그는 재산 모두를 교회를 위해 사용하고 만사에 자기를 희생하며 교회 발전에 노력했다. 자기의 교파만 아니라 그리스도의 왕국을 위해서 모든 일에 진력했다.

이렇게 활동하는 동안 반대에 부딪치기도 하고, 때때로 오해도 받았다. 특히 그가 무엇을 극단으로 표현하는 습관 때문에 오해를 더 받았다. 그에게도 성격에 결점이 있었는데, 활발한 상상적 신앙을 말이나 문서로 표현할 때는 감정적이었고, 때때로 성경에도 없는 것을 말하기도 하고, 무슨 일을 결정하는 데 감정에 치우치는 경우가 많았다. 다른 사람을 대할 때에 고집이 센 경우가 있었다. 그러나 그의 품성의 고결함은 이런 모든 결점을 해소시키고도 남았다. 그는 그리스도를 믿고 사랑하고, 주와 쉬지 않고 사귀었으며, 그리스도께서도 죽기까지 그와 함께 하셨다.

그리스도에 비해 본다면 이 세상 모든 것은 그에게는 없는 것이나 다름이 없었다. 그는 그리스도를 위해 모든 사람과 사귀고 선을 행했다. 그의 얼굴에는 위엄이 있고 평화가 넘쳤고, 눈은 날카로웠지만 자애가 있었다. 사람들과 사귈 때는 온화하고 친절했으나, 아무도 그와 쉽게 친할 수 없었다.

진젠돌프는 설교, 찬미, 신앙 문답, 역사, 문집, 신앙 논쟁적 문집 등을 150편 이상 썼다.

진젠돌프는 반대하는 이들 때문에 1736년에 작센에서 추방되었다. 그는 가족과 후원자들과 함께 "순례자의 교회"라는 것을 만들어 네덜란드, 영국 등 가는 곳마다 모라비아 교회를 세우고 2-3인씩 짝지어 전도여행을 했다. 그는 미국에 가서 1년간 체류하면서 독일인들에게 전도했다. 인도인들에게도 전도했다.

1749년 작센 정부는 진젠돌프에게 내린 추방 명령을 철회하고 그에게 헤른후트 같은 단체를 영내에 다른 곳에도 세워 달라고 했다.

진젠돌프는 1760년 5월 9일 헤른후트에서 편안한 상태로 세상을 떠났다. 독일, 네덜란드, 영국, 아일랜드, 북미, 그린란드 등에서 모여든 32명의 장로와 집사가 그의 유해를 메고 장지로 갔다. 묘비에는 "그는 열매를 맺게끔 정해졌다. 그리고 그 열매는 남을 것이다"라는 글귀를 새겼다.

::모라비안 교회::

15세기 모라비아에서 일어난 기독교의 일파로서 그들 스스로는 "동포 교회"Unitas Fratrum, Church of the Brethren라 했다.

순교자 후스의 영향을 받은 후스 파는 바젤 회의에서 두 파로 갈라져 한 파는 로마교에 되돌아갔고, 남은 한 파는 독립하여 보헤미아 형제단과 모라비아 형제단을 만들었다.

1467년 프라하의 루카스가 최초의 감독이 되어 크게 발전하였다. 1500년에는 400개의 교회에 20만 명의 교도를 거느리게 되었다. 법률상의 공인도 얻었으나 페르디난드 2세의 개혁 반대운동 때문에 큰 타격을 입고 폴란드, 헝가리 등에 얼마 남아 있었다. 보헤미아와 모라비아의 교회는 거의 섬멸되었다. 그 후 약 백 년이 지나 나이셀이라는 두 가족이 모라비아에서 도망쳐 와서 진젠돌프 백작의 환영을 받고 작센의 베델스돌프에 살기 시작했고, 뒤이어 300명의 동포가 모라비아와 보헤미아를 떠나 그곳으로 이주해 왔다. 그들은 그곳에 헤른후트라는 마을을 건설하고 1727년 교회를 조직했는데, 이곳이 근대 모라비아 교회의 중심이 되었다.

1735년 데이비드 니체만David Nitschman이 최초의 감독이 되었고, 1737년에는 진젠돌프 백작이 감독이 되었다. 이 운동은 널리 덴마크, 스위스, 영국, 미국에까지 퍼졌다. 1857년에는 모라비아 헌법이 개정되어 전체 교회가 독일, 영국, 미국의 3대 관구로 나뉘었다. 각 관구는 지방적으로 독립하지만 교리, 조례의식과 외국 전도사업은 유기적 전체를 이루어 움직인다. 10년에 한 번씩 헤른후트에 대의원들이 모여 총회를 개최한다.

그들의 특색은 교육을 귀하게 여기고 규율이 엄격하며 외국선교에 열심인 것이다. 매 주일 아침 예배가 있고, 때때로 축제가 개최되며, 찬송가를 많이 부르고 교회음악도 크게 발달했다. 애찬식을 행하며, 한동안은 세족식도 거행했다.

그들은 특별한 신앙 조문이라 할 것은 없지만, 인류의 전적 타락, 성부 하나님의 사랑, 예수 그리스도는 참 하나님이시고 참 사람이라는 사실, 예수의 희생적 대속 죽음을 믿는 것, 그로 인해 하나님과 화목된다는 것, 성도의 사귐, 주님의 재림, 죽은 자의 부활과 상벌을 중요한 교의로 삼는다.

독일 헤른후트는 모라비안들의 고향이다. 모라비아 선교사들은 남들이 못 가는 지방에 침투해 들어갔다. 과거 170년 동안 외국 전도지에 2

천 명의 선교사를 파송했다고 한다. 그들은 세계 방방곡곡에서 활동하다가는 벌들이 사방에서 꿀을 모아 둥지로 돌아오듯이 헤른후트로 돌아온다. 지극한 사랑과 친절 속에 그들의 활동은 이어지고 있다.

8 영국의 영성

::청교도::

영국 청교도주의의 조상은 에드워드 6세 시대 존 후퍼John Hooper로 본다. 그는 헨리 8세의 압제 하에서 더 이상 영국에 머물 수 없어 스위스 취리히로 피신하여 거기서 불링거Bullinger와 막역한 친구가 되었다. 그는 그곳에서 결혼했고 히브리어도 열심히 공부했다.

에드워드가 왕이 되자 후퍼는 고국으로 돌아왔다. 1550년 5월에 후퍼는 글로체스터의 주교로 임명되었다. 그는 이 직책을 2년 동안 훌륭히 수행하였으며 후에 우스터의 주교로 임명되었다. 그러나 이 경건한 주교의 선하고 행복한 출발은 주교들의 임명과 복장, 그리고 그 밖의 사소한 일에 관한 좋지 않은 논쟁 때문에 흔들리기 시작했다.

그 후 메리 여왕 때 박해가 일어나 그는 글로체스터에서 화형 당했다.

메리 여왕이 죽고 엘리자베스 여왕이 즉위했다는 소식을 듣고 그 동안 대륙으로 피난 갔던 프로테스탄트가 귀국한 사람들이 8백 명이나 되었다. 엘리자베스 여왕도 청교도를 좋아하지 않았다. 이 시대에 청교도주의의 투사는 토머스 카트라이트였다. 그는 케임브리지 대학을 나오고 개혁주의 인사가 되어 신학교수로 임명되었는데, 지력이 예민하고 불굴의 기력에 웅변까지 겸해서 대학에서 사도행전을 강의할 때는 문밖까지 청중이 넘쳤다. 그는 성경이 신앙의 표준일 뿐 아니라 교회 정치의 표준이 되어야 한다고 주장했다. 그의 학설이 위험했기 때문에 교수직을 박탈당했고 두 번이나 외국에 망명했다가 귀국했다.

청교도들의 정신은 하나님의 뜻을 무상의 법칙으로 준봉하고 인간의 권위를 두려워하지 않는 것이다. 그들은 가정에 대해서도 고상한 이상을 가지고 있었다. 이 때에 영국인의 가정 관념이 확립되었다. 안식일을 엄수했는데 토요일 저녁 해질 때부터 일요일 해질 때까지 준수했다. 구약성경을 문자 그대로 실행했기 때문에 청교도 재상 크롬웰은 적을 사정없이 죽였다.

엄숙함에 지나쳐 인간의 자연적 정서가 냉혹하게 되고 조야朝野스럽게 되었다. 그러나 청교도에서 문예가 뛰어난 존 밀턴이 일어났다. 그는 열렬한 청교도로서 소경이 되어 그 역경 속에서 『실낙원失樂園』등 대작을 완성했다. 『천로역정』을 쓴 존 번연도 청교도로서 본래 무식한 신자였는데, 현숙한 그의 부인이 신앙서적을 읽게 하여 새 사람이 되었다. 번연은 설교하고 불법 집회하다가 잡혀 12년간 감옥살이를 했다. 그는 『죄인의 우두머리에게 넘치는 은혜』, 『거룩한 전쟁』도 썼다.

::존 웨슬리::

18세기 이전의 영국 사회는 종교적으로나 도덕적으로 타락한 시대였다. 상류 계층은 종교를 말하는 사람이 있으면 비웃었다. 영국 정치가의 대부분은 어떤 형식의 기독교도 믿지 않았다. 그들의 생활은 매우 야비하고 부도덕했다. 술 마시고 음담패설을 서슴없이 지껄였다. 아버지는 아들에게 여자를 유혹하는 재주를 가르쳐 주는 것이 문화적 교육의 일부분이라 생각했다. 젊은 여자들은 낮에 길을 다닐 수 없었다. 어느 역사가는 "영혼은 썩어버리고 정욕만 활발한 시대"라고 혹평했다. 영국 가정의 아이들은 "우리는 아버지가 누군지 모른다"고 할 정도였다. 한편 많은 빈민층의 생활은 종교도 교육도 돌보는 사람이 없이 버려진 상태여서 상상할 수 없을 만큼 무지하고 짐승 같은 생활이었다. 한나 모어 Hannah More의 말을 인용한다면 "쳇디아의 교구에서는 겨우 한 권의 성경을 볼 수 있었는데, 그 책은 화분 받침으로 쓰이고 있었다."

이런 와중에도 특히 중류 사회에서는 청교도 정신이 아주 꺼지지 않고 있었다. 영국 메도디스트 운동의 선구자는 윌리엄 로William Law, 1686-1761이다. 켐브리지 대학을 나온 그는 강경한 비국교회주의자로서 세상 영화의 길을 찾지 않고 은둔해 고요한 생활 속에서 책을 쓰며 일생을 보냈다. 그는 특히 신비가 야곱 뵈메의 신비 사상에 심취해 그의 전집을 출판했다. 로의 명저는 『엄숙한 소명』으로서 엄숙한 태도와 깊은 통찰력으로 경건한 신앙과 성결한 생활을 가르쳤다. 이 책은 번연의 『천로역정』 다음가는 신앙서이다. 존 웨슬리는 "1730년에 이 책의 출판은 18세기 종교적 부흥의 새로운 기원이었다"라고 말했다.

존 웨슬리는 1703년 영국 국교회 목사의 가정에서 태어났다. 어머니는 신앙심이 깊고 현명한 부인이었다. 동생 찰스 웨슬리는 유명한 찬송가 작가였다. 형제는 함께 옥스퍼드 대학에서 공부했다. 찰스가 동지 몇 사람과 함께 작은 신앙그룹을 만들었는데, 존 웨슬리도 여기 가담하여 그들의 지도자가 되었다. 그들은 공부에 힘쓰는 한편 매일 밤 모여 서로 격려하고 빈민 구제, 감옥 위문, 신앙서적 읽기에 힘썼다. 1738년 5월 24일(수) 일기에 웨슬리의 체험이 기록되어 있다.

"집을 떠날 때, '네가 하나님 나라에서 멀지 않다'는 성경을 폈다. 그날 저녁 마음이 내키지 않은 채 올더스게이트 교회의 모임에 참석했다. 그 모임에서 누가 루터의 로마서 주해 서문을 읽고 있었다. '신앙은 우리 안에서 역사하시는 하나님의 일이다….이 참 신앙이 쉬지 않고 선행을 하지 않는 일이야 말로 불가능한 일이다. 이 참 신앙은 착한 행위를 하지 않을 수 없는 것이냐 아니냐를 묻지 않는다. 이런 질문을 하기 전 이미 그것을 해버린 것이다,'"

그리스도를 믿는 일로 말미암아 하나님이 사람의 마음에 일으키시는 책임을 말하고 있는 순간 웨슬리는 마음이 이상하게 뜨거워짐을 느꼈다. 그리스도를 신뢰함을 느꼈다. 구원을 얻기 위해 그리스도만을 신뢰함을 느꼈다. 그에게 자기의 죄마저 가져가시고 죄와 죽음의 법에서 구원하셨다는 확신이 주어졌다. 그날 밤 웨슬리는 집에 돌아가 기쁨에 넘쳐 "기어이 나는 믿게 되었다"고 고백하며 찬송을 불렀다.

웨슬리는 루터와 칼빈의 영향을 많이 받았지만 독일 경건파 진젠돌프와 모라비아파의 영향도 많이 받았다. 그가 북미 조지아 지방 선교를 가다가 풍랑 중에 모라비아 교인들이 두려움 없이 찬송을 부르고 있는 모습을 보고 감동을 받았다. 그 후에도 모라비아 선교사들로부터 "신앙이란 것은 죄의 용서함을 받았다고 느끼는 일념에서 생기는 상주常住의 평화와 함께하고, 사람을 구원하는 신앙은 즉시 주어진다"는 교리에 감동받았다.

웨슬리는 칼빈의 예정론을 믿을 수가 없어서 알미니우스 신학을 채택했다. 그의 동지 휫필드Whitefield는 칼빈의 신학을 받아들였기 때문에 둘은 서로 의견이 맞지 않아 분리 전도를 하였다.

웨슬리는 인간의 타락과 죄를 역설하면서 하나님의 은총과 그리스도로 말미암은 구속에 의해 구원 얻는다고 주장했다. 특히 그리스도의 죽으심과 성령의 성결에 대해 열심히 설교했다.

하나님의 은총에 의해 구원 얻는다는 점은 루터와 같지만, 웨슬리는 루터에 비해 윤리적인 면을 더 강조했고 현실적으로는 죄에서 해방되어 성결한 생활에 이를 것을 역설했다. 웨슬리는 "성경"의 교리들을 주로 강조했으며, 하나님이 그것을 위해 메도디스트 교회를 일으키셨다고 말했다.

이 점은 독일 경건파와 비슷하다. 따라서 그는 그리스도인의 "완전"을 주장하고, 예수를 믿는 자는 이 세상에서 완전에 이르러야 한다고 했다. 그가 말하는 완전은 "전혀 죄가 없는 자가 된다는 것보다 사랑에 있어서 완전하게 된다"는 것이다. 하나님을 사랑하고 사람을 사랑하는 그 사랑이 끊임없이 마음의 주를 이루어 사랑을 느낄 뿐 죄를 느끼지 않는 것을 말한다.

그가 설교할 때는 청중이 물결같이 밀려 들어왔다. 일생동안 20만 회

이상 전도했고 4만 번 이상 설교했다.

웨슬리는 따로 자기의 교파를 세우려 하지 않았으나 선교사 파송과 감독의 안수 문제로 할 수 없이 교파를 세웠다. 수도자처럼 독신생활을 하다가 48세 때 과부와 결혼했는데, 이것은 불행한 결혼이었다. 세상 사람들은 3대 악처로 소크라테스의 처, 톨스토이의 처, 그리고 웨슬리의 처를 꼽는다.

1791년 3월 2일 그는 88세로 세상을 떠났다. 18세기 전부를 산 셈이다. 그의 최후 10년의 활동이 가장 현저했다. 웨슬리가 세상 떠날 때 메도디스트 교회에 속한 설교자 수가 541명, 전체 교인 수는 13만 4천 549명이었다. 웨스트민스터 사원에는 웨슬리 형제의 동상이 있고 그 위에 세 가지 말이 쓰여 있다.

"나는 전 세계를 나의 교구로 본다."

"하나님은 일꾼은 장사 지내도 그 사업은 계속하신다."

"하나님이 우리와 함께 계신다는 일, 이것이 모든 것 중에서 가장 좋은 일이다."

역사가는 기록하기를 "웨슬리 한 사람이 이룩한 업적은 영국이라는 나라가 1천 8백 년 동안 모든 육지의 전쟁과 바다의 전쟁에서 이룩한 업적보다 더 크다"고 했다. 웨슬리는 영국의 종교뿐만 아니라 영국 국가를 건진 위인이었다.

9. 히말라야의 영성

::선다 싱::

　동양인으로, 그리고 개신교 계통의 영성인으로서 스웨덴보리와 더불어 2대 신비주의자로 알려진 인도의 선다 싱Sundar Singh은 특이한 생활과 인도인다운 신비스러운 사상으로 많은 기독교인들에게 감화를 끼친 인물이다.

　선다 싱은 1889년 9월 3일 인도 북부의 파티알라Patiala 람푸르Rampur에서 부유한 시크교도 가정에 태어났다. 어려서 선다 싱에게 가장 감화를 끼친 인물은 그의 어머니였다. 그녀는 기독교인은 아니었지만 매일 이른 새벽에 일어나서 목욕재계하고 기도를 드리며 힌두교의 바가바드 기타 등의 경전을 읽었다.

　어머니는 아들을 인도 힌두교의 성인 사두Sadhu로 만들려고 그런 교육을 시켰다. 그래서 선다 싱은 자기 어머니를 회고하면서 "내게 신의 사랑을 깨닫게 해주고, 또 하나님을 늘 두려워하기를 가르쳐 주신 내 어머니. 어머니의 가슴이야말로 내게는 좋은 신학교였다. 어머니는 내가 어릴 때부터 성전들을 가지고 가르쳐 주셨으며, 때때로 힌두나 시크 종사들을 집으로 모시거나 또는 나를 숲 속에 있는 사두에게 데려가서 가르침을 받게 해 주셨다"고 했다. 그는 자기 어머니에 대해 이렇게까지 말했다.

"만일 천국에서 저의 어머니를 뵙지 못한다면 저는 신께 간청하여 그분과 함께 있을 수 있도록 지옥으로 보내 달라고 할 것입니다."

그렇게 좋은 어머니는 그가 열네 살 때 세상을 떠났다. 선다 싱은 처음에는 기독교 장로교 계통의 학교에 다녔다. 그러나 그는 학교에서 가르치는 성경과목이 싫어졌다. 기독교 반대 운동을 하면서 친구들이 보는 가운데서 성경을 찢어 불태워 버렸다. 아버지는 아들의 행위를 걱정했다. 성경을 불태우고 나서 사흘 동안 선다 싱은 마음속에 일어나는 불안으로 어쩔 줄을 몰랐다. 식음을 전폐한 채 방안에 틀어박혀 번민하다가 견딜 수 없어서 밤중에 일어나 목욕재계하고 신神들에게 기도했다.

"참 신이 계시면 저에게 올바른 길을 보여 주십시오. 만일 그렇게 못한다면 내일 새벽 5시 첫 기차가 지나갈 때 철로에 누워 자살해 죽고 말겠습니다."

그는 밤을 새우면서 그렇게 기도했다. 새벽 다섯 시에 그의 집 앞으로 지나가는 라호르 행 특급 열차가 있었다. 죽음을 각오하고 밤을 새우면서 기도했으나 아무런 응답이 없었다. 마지막 기도를 드리고 있는데 4

시 반에 그는 기도하고 있는 방 안에서 거대하고 놀라운 빛을 보았다. 너무도 큰 빛에 정신을 잃을 정도였다. 처음에는 화재가 난 줄 알았으나 화재는 아니었다. 그 큰 광채 속에 신의 형상이 나타났다. 영광과 자비가 충만한 모습이었다.

"누구십니까?"

"나는 네가 핍박하는 나사렛 예수다."

처음엔 시크교의 신이거나 힌두교의 크리슈나가 아닌가 생각도 했지만, 뜻밖에도 그것은 그가 그렇게 미워하던 예수의 형상이었다. 예수님은 힌두어로 말씀하셨다. "언제까지 나를 핍박하겠느냐? 나는 너를 구원하러 왔다."

순간 선다 싱은 깨달았다. "예수 그리스도는 죽지 않고 살아 계시며 이분이 바로 그분이다." 그는 나타난 예수님의 발아래 엎드렸다. 어디서도 맛볼 수 없었던 놀라운 평화를 느꼈다. 그가 머리를 들었을 때 환상은 사라졌다.

선다 싱은 아버지에게 달려가 자기는 기독교인이 되었다고 고백했다. 아버지는 아들이 갑자기 정신 이상이 된 줄 알았다. 그 후 선다 싱은 시크교 가정인 아버지 집에서 쫓겨났다.

가족들은 그를 추방하면서 어디 가서 죽으라고 도시락에 독이 섞인 빵을 넣어 보냈다. 그날 밤 그는 나무 아래서 지새우면서 천국에서 첫날 밤 자듯 하나님 현존 속에서 지냈다. 그날 새벽 예수님을 만나볼 때 그의 영혼 속으로 물밀 듯 밀려든 평화는 그의 일생 한번도 사라진 적이 없었다. 특별히 그가 핍박이나 어려움을 겪을 때는 더욱 깊어졌.

1905년 9월 3일, 선다 싱은 시물라에 있는 성공회에서 세례를 받았다. 예수를 영접하고 나서 그는 인도인들이 존경하는 성자 사두의 길을 걷기로 하고 의복도 사두 옷을 입고 삶의 방식을 그렇게 선택했다. 머리에 터번을 감고 사두 옷을 입고 성경책을 들고 땅 끝까지 그리스도를 전하는 것이 그의 이상이었다. 그것은 금욕적이고, 고독 속에 명상하며 신비적 황홀에 잠기는 생활이다.

1909년에 선다 싱은 라호르에 있는 성 요한 신학교에 다녔다. 그러나 별 효과를 못 느끼고 곧 그만두었다. 기독교에 대한 관심이나 사고방식에 있어서 다른 학생들과 조화를 이룰 수 없었다. 신학교에서 배우는 교과 과정은 그의 영혼에 호소하는 바가 없었다. 그는 "종교는 머리가 아닌 가슴의 문제"라는 것을 느꼈다. 신학교에서의 공부는 얼마 후 그만두었다.

선다 싱에게 큰 감화를 준 책은 토머스 아 켐피스의 『그리스도를 본받아』였다. 그 책은 그가 늘 지니고 다니며 규칙적으로 읽는 유일한 책이었다. 그밖에도 신비가들의 서적을 즐겨 읽었고 성 프란시스의 전기도 읽었다. 신비가 뵈메, 테레사, 십자가의 성 요한도 읽었다. 기독교 이외의 책으로 수피 신비가들도 연구했다.

선다 싱에 있어서 특기할 만한 것은 그의 티베트 전도였다. 그의 평생 소원이 그것이었다. 1908년부터 그는 일 년의 반 이상을 티베트에서 전도하며 지내고 겨울에는 인도에 돌아와 일했다. 어떤 때는 눈이 12피트나 쌓여 오도 가도 못하고 한 집에서 17일 동안 지내기도 했다.

영국 YMCA 간사로 있던 소란 싱가Shoran Singa는 한동안 인도 심라 힐읍에 선교사로 있었다. 그가 쓴 책 『인도에 대한 보다 많은 이야기』에는 그와 선다 싱 두 사람이 코트가르에서 지새운 어느날 밤의 회상담이 있다.

"그날 저녁 선다 싱과 내가 산장에서 잠자리에 들려고 하는데 가까이서 표범이 우는 소리와 함께 사람들의 인기척이 들렸다. 뭔가 심상찮아서 밖을 내다보니 많은 사람들이 등불을 들고 산골짜기로 지나가고 있었다. 그것을 보던 선다 싱은 자리에서 일어나 말없이 밖으로 나갔다. 그는 평소에 늦은 밤이라도 혼자 숲으로 들어가 기도드리는 습관이 있는 사람이었기 때문에 으레 기도하러 나갔을 것이라고 짐작했다. 반시간이 지났는데도 그는 돌아오지 않았다. 표범 소리를 들었기 때문에 염려스러워 불안한 생각으로 일어나 옷을 입고 밖으로 나가 보았다. 사두는 산장 문에서 얼마 떨어지지 않은 곳에서 골짜기를 향해 내려다보고 있었다. 밤하늘엔 별이 총총한데 선다 싱을 보고 섰던 나는 깜짝 놀라 소리를 지를 뻔했다. 꼼짝하지 않고 앉아 있던 선다 싱에게 어디서 나타났는지 표범 한 마리가 어슬렁거리며 접근하고 있었다. '표범이다!'고 그에게 알려주고 싶었지만 소리가 나질 않았다. 나는 창가에 매달려 떨기만 하고 있었다. 그때 놀랍게도 사두는 표범 쪽으로 얼굴을 돌리더니 손을 내밀었다. 표범은 마치 순한 강아지처럼 사두 앞에 바짝 다가와 앉아 머리를 내밀었다. 사두는 그 머리를 쓰다듬어 주고 있었다. 나는 뜰면서 방 안에 들어와 누웠다. 도저히 상식으로는 믿을 수 없는 광경이었다. 얼마 후 사두는 말없이 들어와 눕더니 코를 골며 잠을 자기 시작했다. 나는 잠을 이룰 수 없었는데도 말이다."

선다 싱의 영성은 우리들의 상상을 초월한다. 기적의 인물이요 신비의 인물이다. 그의 전기에는 추운 겨울에 얼어 죽어가는 사람을 업고 가면서 체온으로 선다 싱 자신도 살고 그 사람도 살린 이야기, 티베트에서 전도하다가 잡혀 사형 선고를 받고 물 없는 깊은 우물 속에 던져졌다가 기적적으로 살아난 이야기, 히말라야 급류에 익사할 뻔했던 이야기 등이 있다.

선다 싱의 이야기 가운데서도 우리가 가장 신기하게 느끼는 것은 1912년 여름 그가 히말라야 산맥 중 신들의 산, 철인들과 예언자들의 고향이라 생각되는 카일라쉬를 향해 여행하다가 암굴을 발견한 이야기이다.

그는 비탈길에서 눈에 미끄러져 계곡으로 굴러 떨어져 정신을 잃었다. 얼마 후 정신이 들어 눈을 떠 보니 자기가 동굴 앞에 누워 있는데 바로 앞에 괴상한 짐승이 앉아 있었다. 곰 비슷한데 소름이 끼칠 정도였다. 선다 싱을 물끄러미 내려다보고 있었다. 선다 싱이 놀라움 중에서도 자세히 보니 그는 짐승이 아니라 사람이었다. 옷은 입지도 않았는데 머리털은 길게 자라 온 몸을 덮고 있었다. 눈썹도 길게 자라 있었다. 더욱 놀란 것은 그가 기독교인이라는 사실과 옛날 손으로 쓴 양피 성경책을 가지고 있었다는 것이다. 그의 이름은 알 수 없었으나 마하리시라고 불렀다. "마하리시"란 거룩한 스승이라는 뜻이다. 노인과 대화를 나누면서 알게 된 바에 의하면 선다 싱과 만났을 때 노인은 무척 고령이었다.

그는 본래 이집트 알렉산드리아의 이슬람 가정에서 태어났다. 기독교로 개종하고 75년간 세상에서 전도 여행을 하다가 105세에 은둔하여 살려고 히말라야의 카일라쉬 산에 들어왔노라 했다. 21개 국어를 자유로이 구사할 수 있고 산에 들어와 수천 가지 약초를 캐먹으며 영안이 열려 영계를 볼 수 있고, 천사들과 그리스도도 볼 수 있다고 했다.

마하리시는 영계에 통하고 영계에 사는 성도들 가운데 어떤 영은 그의 곁에 와서 도와준다고 했다. 어떤 때는 예수님이 천사들을 데리고 오셔서 주님이 세상에 재림하실 때까지 세상을 위한 중보 기도의 임무를 맡겨 주셨다고 한다. 마하리시는 몸은 동굴에 있으면서도 영으로는 세계 여러 지역을 심방하며, 그의 유일한 봉사는 세계 전역에 세워진 그리스도의 교회를 위한 중보의 기도를 드리는 일이라 했다.

선다 싱은 인도의 모든 지방과 티베트 전도를 할 뿐만 아니라 전 세계 전도여행을 했다. 일본과 미국과 영국에 가서는 오래 머물러 설교했다. 그를 만나 본 사람들마다 놀란 것은 예수님의 인상을 강하게 느낀다는 것이다. 여학교에서는 예수님이 오셨다고 학생들이 소동했다. 영국에서 설교를 할 때 어머니 품에 안긴 어린아이는 어머니에게 "엄마, 저 분이 예수님이에요?"라고 물을 정도였다.

그가 어느 일본인 목사 댁을 방문했을 때 이야기다. 선다 싱을 맞은 일본인 목사가 말하기를 머리에 터번을 감고 방문한 인도인과 서툰 영어로 나눈 대화였지만 모두 이해할 수 있었고 그가 입고 있는 남루한 옷에서 빛이 나는 것을 느꼈다고 했다. 문을 열고 밖으로 전송했는데 문밖에서 패싸움하고 있던 지방 불량배들이 그의 앞에 길을 열어주었고 그 가운데로 그는 마치 물 위를 걸어가듯 지나갔다.

선다 싱이 전도여행을 하던 도중에 행방불명이 되어 사라진 것이 1929년이다. 그가 어디서 죽었는지 수색대가 찾아 다녔으나 흔적을 찾을 수가 없었다. 신비의 인물의 실종은 신비에 빠지고 말았다. 티베트인에게 살해되었을 것이라 짐작하는 이도 있고, 선다 싱이 그의 친구요 스승인 카일라쉬의 마하리시와 함께 지금도 살아 있으면서 세계를 위한

9. 히말라야의 영성

중보의 기도를 드리고 있을 거라고 생각하는 이도 있다.

선다 싱의 사상

하나님 임재

"이 세상에는 나에 대하여 아는 자가 많으나 나를 아는 자는 적다. 저들이 나와 직접 관계가 없는 까닭이다. 많은 신자들은 저들의 마음에 내가 임재하는 것이 저들에게 영적 생명과 평화를 주는 줄 알고 있다. 그러나 직접 나를 보지는 못한다. 나의 내재가 그의 내적 광명의 눈을 밝히고 증진케 한다."

"성경을 이해하는 데 있어 히브리어나 헬라어가 필요한 것이 아니다. 그것을 쓴 예언자들 중에 강림하셨던 성령과 친히 교제하는 것이 필요하다."

기도

"기도에 의해 하나님의 계획을 변경할 수 없다. 그러나 기도하는 사람은 스스로 변한다. 기도하는 중에 절로 완전을 향해 가는 것이다. 우리들이 기도하는 것으로 하나님이 변하시는 것이 아니라 우리들이 영광된 하나님의 모습을 닮아 변하는 것이다."

"한 사람이 동굴 속에서 송곳처럼 열심히 기도하는 일로써 많은 사람을 도울 수 있다."

"직관은 송곳처럼 예민하여 곧 그 접촉에 의해 실재의 존재를 느끼게 된다."

"기도는 감추어진 샘인 하나님에게까지 이르는 숨은 뿌리이다."

"예수 그리스도에 관해서 알고 싶다면 성경을 읽지 않으면 안 된다. 그러나 만약 예수를 직접 알아야 되겠다고 생각한다면 기도를 해야 한다. 읽는 것만으로는 불충분하다. 기도는 진리의 문을 여는 유일한 열쇠이며 참된 열쇠이다."

"만일 우리의 기도가 깊지 못하다면 우리의 생애는 사탄의 습격을 당하여 정복될 것이다."

십자가

"십자가를 짊어지는 자는 그 십자가가 그를 받쳐 안전하게 그의 목적을 이루게 한다."

"십자가는 사람에 따라, 일에 따라, 영적 상태에 따라 다른 뜻을 갖는다. 외면으로는 못으로 차 있는 것처럼 보여도 그 내적 본성은 감미롭고 평화롭다. 십자가의 외적 곤란을 겁내어 그 큰 영적 축복을 잃어서는 안 된다."

"그리스도를 따라 십자가를 지는 일은 얼마나 즐거운 일인가. 만약 하늘나라에 가서 십자가를 질 수 없게 된다면 나는 주께 애원하여 선교사가 되겠으며, 지옥에 있어서 필요하다면 거기에 가서 주님의 십자가를 질 기회를 얻고자 한다. 그리스도와 함께 있으면 지옥도 하늘나라로 변할 것이다."

"고통과 번뇌의 숨은 뜻을 알아야 한다. 그것은 죄의 결과라 하지만 반드시 그런 것은 아니다. 하나님은 때때로 그것을 통하여 우리에게 평화를 주신다. 십자가는 우리의 영적 생활과 진보 사이의 본질적인 요소이기 때문이다."

"만일 우리가 십자가를 지고 고통하면 우리의 영혼 속에 숨겨진 부富가 광명 속에 나타날 것이다."

"나는 갈증으로 죽으려 했다. 그러나 한때 나의 영안이 열려 생명수가 샘을 이루어 주님의 찔린 옆구리로부터 흘러나오는 것을 보았다."

실재

"그리스도 없는 크리스천이 있다. 신자로서의 생활을 하지 않는 사람은 그리스도 없는 교회주의자이다. 그리스도의 신성을 부인하는 기독교는 그리스도가 없는 기독교이다. 그들은 알맹이 없는 껍질이며 영혼이 없는 육체이다."

"죽은 사람은 공기 속에 누워 있어도 호흡을 하지 않고 또 감각도 없듯이, 죄로 죽은 사람은 주위에 있는 하나님의 실재를 감각하지 못하고 기도의 호흡도 하지 않는다."

교파주의

"교파는 그 가운데 좋지 못한 사람들을 가지고 있다. 그들의 모든 시간은 다른 교파의 결점을 공격하는 데 낭비되며 사실 중의 사실인 살아 계신 그리스도를 증언하는 일은 버리고 돌보지 않는다. 그리스도의 참된 증인이 되는 일이 우리에게 큰 요건이며 우리 자신의 경험으로 증언하는 것이 중요하다."

잠수부

"잠수부가 바다 밑에 진주를 캐려고 들어갈 때는 폐 속에 물이 들어가지 않도록 호흡을 멈추어야 하듯이, 신자도 하나님과 더불어 살기 위하여 세상의 공기를 호흡하는 일을 멈추고 이 세상에 대해서 즉지 않으면 안 된다."

구원

"구원은 단순히 죄의 용서일 뿐만 아니라 죄로부터 해방되는 일이다. 많은 죄인들이 죄가 용서된 후에 그들의 죄 가운데서 죽어간다. 그리스도는 우리의 죄를 사하여 주실 뿐만 아니라 우리를 죄에서 구원하신다."

"그리스도는 우리를 죄에서 구하기 위하여 오신 것이다. 만약 우리가 죄로부터 고침을 받는다면 우리는 구하여진 것이다. 그러나 만약 아직도 죄를 범하고 있다면 우리는 죄 때문에 죽지 않으면 안 된다. 많은 사람은 그것을 잘못 알고 있다. 그들이 범한 죄가 사하여졌으므로 구원된 것으로 생각하고 있다. 그렇지만 만일 그들의 죄악의 성질이 고쳐지지 않았다면 구함을 받은 것이 아니다."

"구원이란 우리가 하나님과 혼동하거나 나를 하나님 안에 잃어버리는 것이 아니요 신과의 의식적 교제에서 사는 것이다."

회개

"회개는 하늘나라에 들어가려고 하는 사람에게는 가장 필요하다 마 3:2. 하늘나라는 미래의 나라가 아니다. 지상에서부터 시작되는 것이다. 가장 작은 죄라도, 또 나쁜 한 가지 생각이라도 우리의 희망을 멸하며 하늘나라 밖으로 쫓겨나기에 충분하다. 작은 죄라고 하는 것이 가장 위험하다. 마치 병을 일으키는 세균처럼…."

죽음

"이 생명은 변화한다. 그러나 결코 소멸하는 것은 아니다. 존재가 이런 상태에서 저런 상태로 변화하는 것을 가리켜 죽음이라고 하지만 죽음은 결코 생명의 종국적 소멸도 아니요, 다른 생명에의 가입이나 혹은 거기서 무엇을 빼내는 것을 의미하는 것도 아니다."

"죽음이란 것은 죽음이 아니라 생명의 시작이다. 불순종과 죄로 인하여 하나님으로부터 멀어진 것만이 고통이요 죽음이다."

"영계에 들어갈 준비나 생각도 없이 문득 영의 세계에 들어온 영혼은 몹시 놀라 당황하며, 자기의 운명이 어찌될까 큰 고민에 빠지며, 상당히 오랜 기간 동안 낮고 어두운 중간 상태에 머물게 된다. 이와 같은 낮은 범위에 사는 영들이 지상에 사는 사람들을 몹시 괴롭게 하는 일이 종종 있다. 악령은 자기 성질과 같은 성질의 사람만 해할 수 있을 뿐이다."

"그리스도는 영계에서 항상 그 자신을 나타내신다. 각자의 영광의 도수에 따라 그 영혼의 발달된 정도에 응하여 어떤 자에게는 강하게, 어떤 자에게는 약하게 자기를 계시하신다."

"영의 세계에는 중간 상태가 있다. 그곳은 육체를 벗고 온 영들의 일시적 거주지이다. 그중에도 여러 가지 계역界域이 있어서 영들이 땅에서 진보된 정도에 따라 합당한 계역으로 들어가게 된다."

계시

"조물주는 만물을 창조하셨지만 피조물은 하나님이 아니며 그의 존재의 한 부분도 아니다. 그러나 그렇다고 해서 그의 실재와 아주 떨어져 존재하는 것도 아니다. 그렇다고 해서 피조물이 객관적인 것에 지나지 않는다고 말할 수도 없다. 임재의 사실과 영적인 경험은 객관적이고 진실한 것이며, 의심할 것도 없이 하나님과의 친한 교제의 결과에서 나온다."

"교령술交靈術은 저급한 영, 암흑계로부터 오는 암시나 소식인데 그것은 전부가 속이는 것이 아니지만 대개는 단편적이요 똑똑하지 못한 것이다. 이런 것을 따르는 사람들은 진리로 가는 것이 아니라 진리에서 떠나는 것이다."

지옥

"하나님은 누구나 지옥에 쓸어 넣지 않으신다. 사람이 스스로 그 죄에 얽매여 자신을 위하여 지옥을 만든 것이다. 하나님은 결코 지옥을 만드시지 않았다."

"나쁜 행위가 죄일 뿐만 아니라 나쁜 생각과 더러운 눈으로 보는 것도 또한 죄이다. 다른 여자뿐만 아니라 자기 아내에 대해서도 지나친 동물욕에 잠기는 것은 죄이다. 나는 영의 세계에서 혀를 드리우고 콧구멍은 붓고 몸 안에서 불이 붙어 올라오는 듯이 손뼉을 치며 가슴을 갉으면서 '이 생을 저주하라'고 부르짖는 흉측스러운 영을 보았다."

"지옥은 사람이 자유의지를 발동해서 하나님에게 복종하지 않고 그 자신 속에 고통의 상황을 만들어 낸 상태이다."

"그리스도와 함께 십자가를 짊어진 자들은 그날로 거듭나서 낙원, 즉 하나님 나라에 들어가 놀라운 기쁨과 평화를 누린다. 그러나 세상에 집착한 사람들은 낙원의 평화를 볼 수도 없고 또 거듭난다는 것이 무슨 뜻이며 하나님 나라가 어떤 것인지 이해하지 못한다."

하나님에게로의 귀일

"사람은 자기의 영혼을 창조한 것도 아니고, 그것을 파괴할 수도 없다. 사람은 자기의 혼과 자기 안에 있는 신여神與의 불씨를 소멸할 수 없고 하나님도 그렇게 하시지 않을 것이므로 언젠가는 인간이 창조된 그 목적이 달성될 것이다. 그리고 종말에는 방황하고 있는 수많은 사람이나 옆길로 들어간 사람이라 할지라도 창조주에게로 돌아가게 될 것이다."

"지옥에 있는 악행자의 상태는 참으로 무서운 것으로서 그 고민의 공포상은 입으로 말할 수 없이 몸서리칠 지경이다. 죄인의 영혼이 있는 곳에는 언제나 어디서나 일순간도 끊이지 않는 고통밖에 없다. 빛이 없는 일종의 불이 끊임없이 붙어서 저들의 영혼을 괴롭게 한다. 그 불은 꺼지지 않으며, 저들은 죽을 수도 없다. 이것을 본 한사람이 말했다. '마지막에는 이것이 깨끗하게 만드는 불꽃이 될지 누가 알겠느냐?' 지옥이라는 영적 암흑세계도 많은 지역이 있고 구별이 있다. 그 중에서 고통하고 있는 영들은 각기 자기 죄의 양과 성질에 따라 거기 해당하는 고통을 받는 것이다."

영성

"영의 세계에서 각 사람의 영적 진보의 등급은 각 사람이 하나님을 알고 또 감수할 수 있는 도수에 따라 규정되는 것이다. 그리스도께서도 각 사람의 영의 광휘와 수용량에 따라 자기의 영광스러운 모양을 보여 주신다."

"인간은 본래 태어나면서부터 선하지만, 환경이 인간을 나쁘게 만든다. 우리가 어릴 때나 청년기에 접촉한 사악한 사상과 습관은 착실하게 자라서 우리 속 깊은 곳에서 영혼에 역사하여 도덕성을 썩게 한다. 그런 까닭에 우리는 어릴 때부터 천성을 부패 타락시키는 죄에 대하여 주의하지 않으면 안 된다."

"인간의 양심과 영적 감수성은 둔하게 될 때도 있지만, 하나님을 의지하려는 불씨는 결코 소멸되지 않을 것이다. 만약 그 불씨로 말미암아 고통을 느끼고 번뇌한다면, 그 번뇌는 언젠가는 그를 회복시키기 위하여 하나님에게로 돌아가게 될 것이다."

불교와 기독교

시카고 종교대회에서 유명한 불교 대표가 말하기를 "불교는 신이나 신들을 숭배하는 것이 아니다. 또 외부의 원조도 구하지 않는다. 기도는 필요 없다. 필요한 것은 효력뿐이다. 기도에 허비하는 시간은 낭비에 불과하다"고 했다.

이에 대해 사두 선다 싱이 말하기를 "불교에서 말하는 궁극적 구원은 열반이라 한다. 이 말은 모든 원망願望을 소멸하는 것을 의미한다. 원망은 모든 고통과 번민의 원인이므로 원망의 욕구만 제거하면 고뇌도 함께 사라진다는 것이다. 그러나 인간은 욕구 없이 살 수 없다. 욕구가 없이 존재하는 자가 있다면, 아마 그것은 생명이 없는 것일 것이다. 감각이 있는 곳에는 반드시 그와 함께 욕구가 일어난다. 영육의 욕구를 적당히 충족시키는 것이야말로 생존의 법칙이다. 만약 완전히 욕구를 죽인다면, 그것은 욕구를 가진 생명까지 죽이는 일이 된다. 이러한 견지에서 욕구를 제거하는 것은 파괴일 뿐 구원이 아니다"라고 했다.

영적 생존

"하나님 안에 산다는 것은 하나님 안에 자기를 소멸하는 것이 아니다. 자기를 멸하고 하나님에게 몰입하는 것이 아니라, 하나님 안에 있는 생명이요 실존實存이다. 다른 모든 종교는 의식과 교훈에 기초하고 있지만 기독교는 영원히 우리와 함께 살아 계신 그리스도 자신이 그 토대이다. 그리스도께서 제자들에게 자기 손으로 써 준 것이 아무것도 없다. 그것은 그리스도 자신이 늘 저들과 함께 있고, 그 안에 있고, 그들에 의하여 그의 사업을 실현하고 있기 때문이다."

"우리가 영원한 생명을 얻을 때 우리의 진보는 더욱 각 방면을 향하여 지속될 것이다. 하늘에서 진보가 정지될 이유가 어디 있겠는가? 진실로 하늘에 계신 아버지와의 친밀한 교제에 있어서는 영원히 무한한 진보를 위한 방법이 얼마든지 공급되어 우리는 아버지의 온전하심같이 온전하게 되는 것이다."

10 정교회의 영성

::실루안::

아토스 성산은 그리스 영토의 데살로니가 북서쪽 에게 해에 뻗어 있는 아토스 반도에 있다. 아토스 반도는 그리스 영토이지만 그리스 정교회 수도사들이 수도하는 지대로서 지금도 20개의 수도원이 있다. 한때는 약 8천 명의 수도사들이 혹은 수도원 공동체로, 혹은 독수도로, 혹은 거지 수도 등 여러 가지 모양으로 수도하는 지대여서, 그리스 정부에서는 치외권으로 간섭하지 않고 다만 경찰 한 사람이 있을 정도이다. 사람이나 동물이나 할 것 없이 남자들만 있는 곳이어서 여자나 동물의 암컷은 천여 년 동안 일체 못 들어갔기 때문에 이곳에서는 우유를 못 먹는다고 한다.

실루안Siluan, 1866-1938은 아토스 산에 있는 러시아 정교회 최대의 수도원인 팡텔레이몽에서 45년간 수도한 성자이다. 그는 본래 러시아인

노동자로 큰 키에 무식한 사람이었다. 학력은 시골 학교에서 두 학기 정도 공부했을 뿐이다. 실루안은 수도원에서 창고 관리직을 맡고 있었는데, 커다란 건물 속에 개인 기도를 할 수 있는 조용하고 은밀한 구석을 찾아내어 밤이면 대부분의 시간을 거기서 기도하며 지냈다. 너무 추운 창고 안에서 지냈기 때문에 그는 류머티즘에 걸려서 고생했다. 한여름에도 무거운 망토를 쓰고 지냈다.

실루안은 기도할 때 헤시카즘의 방법Art of Hesychasm인 관상기도를 했다. 그는 정교회의 독특한 헤시카이인 "예수기도"를 45년간 계속 드렸다.

외적인 조건에서 완전히 벗어난 평화 속에서 어둠과 고요한 분위기를 조성하고 정적주의자처럼 기도했다. 그가 기도하려고 방에 홀로 앉아 있을 때는 시계 소리도 들리지 않게 하기 위해서 시계를 벽장 속에 넣고 기도했다. 수도자들이 쓰는 두터운 털모자를 눈과 귀를 막게 내려썼다. 그리고 "주 예수 그리스도 하나님의 아들이시여, 죄인인 나를 불쌍히 여기옵소서"라는 예수기도를 반복했다.

실루안은 남을 위해 중보기도를 할 때 다른 사람의 어려운 문제를 자기의 문제처럼 생각하고 심각하게 기도했다. 곁에서 보는 사람이 엄숙해질 정도였다고 한다. 그리스도의 사랑의 능력으로 모든 사람의 마음에 이르는 길을 발견하고 자신보다 남의 처지를 더 안타까워했다.

그는 크게 웃지 않았고 미소 지을 때에도 결코 입을 벌리지 않았다. 결코 화를 내지 않고 항상 고요하며 마지막 순간까지 온화하고 부드러운 마음을 지녔고 슬픔과 계속되는 영적 갈등 속에서도 불평의 눈물을 흘린 적이 없었다. 성경을 지속적으로 묵상하고 옛날 교부들의 작품을 열심히 탐독했다.

그는 육체와 마음을 잘 지켜 수도자의 절대 순결을 철저히 지니고 살았다. 애매모호하게 자신을 감추거나 남을 조롱하거나 비웃을 줄 몰랐다. 그는 말하기를 "온전한 사람은 자신에 대해서는 아무것도 말하지 않는 법입니다. 성령께서 말씀하시는 것만 말할 뿐입니다.… 구원은 예수 그리스도를 닮아가는 인격 속에 있습니다"라고 했다.

실루안이 애창한 찬송가는 "나는 죽을 것이고 나의 저주받은 영혼은 지옥으로 내려갈 것이네. 나는 흑암의 감옥에서 고통을 당하고 피눈물을 흘릴 것이네. 나의 영혼은 주님을 간절히 바라고 주님을 눈물로 바라볼 것이네. 나는 왜 주님을 찾지 않아도 될 것인가. 주님이 먼저 나를 찾아오시고 죄인에게 자신을 계시하셨네"였다.

1938년 9월 실루안은 늘 하던 대로 평온한 모습으로 아늑한 음성 속에 분주하게 자기가 해야 할 일상의 업무를 수행했다. 아침 식사 때 다른 수사가 보니 의자에 앉아 있는 실루안의 얼굴빛이 좋지 않았다.

"수사님, 어디가 편찮으세요?"

"예, 몸이 좀 아파요."

"얼마나 아프세요?"

"글쎄, 저도 잘 모르겠어요."

"임종을 준비할까요?"

"아니요. 나는 아직도 겸손을 다 배우지 못했습니다."

병실로 옮겼는데 누가 들어가 보니 실루안은 이미 임종했다.

::사로프의 세라핌::

러시아에서 19세기는 러시아 정교회의 수도원 영성이 꽃 피던 전성기였다. 이 시대의 영성은 영적 지도자Starets들이 중심이 되었는데, 최초의 스타레츠는 사로프의 세라핌St. Seraphim of sarov, 1759-1833이었으며, 러시아 및 동방정교회 전체 신도들로부터 가장 사랑받는 대성인이다. 성 세라핌을 만나 영적 조언을 구하려고 수천 명의 순례자들이 먼 곳 사로프까지 걸어서 방문할 정도였다. 그에게서 러시아 영성의 종말론적인 경향은 새로운 형태의 영성, 자발적인 사랑과 고난을 통한 변화의 이미지로 발달했다.

1825년부터 15년간 침묵생활을 한 후로는 방문자를 만나기 시작하여 그들의 영적 문제 기도에 힘을 썼다. 그는 금욕주의자요 깊은 신앙 속에서 많은 기적을 나타냈다. 그의 겸손한 태도와 명성을 듣고 사람들은 종교 문제, 왕실에 관계된 문제에 대해 그의 조언을 들으려고 몰려왔다. 1917년 러시아에 10월 혁명이 일어날 때까지 사로프는 순례자들의 중심이었다.

세라핌 성인의 본래 이름은 프로호르 모쉬닌이었다. 그는 소년시절부터 성서의 내용과 성인들의 삶에 대해서 관심을 많이 갖고 있었다. 한번은 여섯 살 때 프로호르가 병에 걸려서 심하게 앓고 있었는데 살아날 가능성은 거의 없었다. 그런데 꾸르스카야의 성모 마리아가 그에게 나타나서 "곧 병이 낫게 될 것이니 안심하라"라고 일러주었다. 프로호르의 어머니는 폭우가 쏟아지는 가운데 아들을 등에 업고 근처에 있는 성당의 꾸르스카야 성 마리아 이콘 앞에 데려다 놓자 그의 병이 씻은 듯 치유되었다. 그 이후 프로호르 모쉬닌은 자신이 성모의 보호 아래 있다는 것을 확실히 깨닫게 되었다. 그는 가능한 한 자주 성당에 가서 예배에 참여했으며 열심히 성경을 읽었다.

18세 때 프로호르 모쉬닌은 수도자가 되고자 하는 자신을 깨닫고 집을 나섰다. 집을 떠날 때 어머니는 프로호르에게 구리로 만든 작은 십자가를 주었는데 죽는 날 까지 목에 걸고 있었다.

수도자가 된 젊은 세라핌은 수도원에서 맡은 임무를 수행하기 위해서 바쁘게 지냈다. 그는 목공에 재능이 있어서 생활에 필요한 가구는 스스로 만들어 사용했다. 하루 일과는 거룩한 독서와 기도하는 것이 모두였다. 성경과 교부들의 글을 읽는 동안은 성경과 교부들의 글을 마음으로 체험하고자 성화상 앞에서 무릎을 꿇고 읽었다. 이러한 태도는 독서가 자신의 체험의 일부분을 화하기를 갈망하는 것이었으며, 이것이 엄격한 수도생활에 즉응하는데 많은 도움이 되었다.

세라핌은 엄격한 금식을 실천하였다. 하루에 한 끼만 먹고 수요일과 금요일은 금식하였다. 그는 아무 방해를 받지 않고 기도에 전념하기 위해 인적이 드문 숲 속을 찾아 들어갔다.

수도 생활을 한지 얼마 후 세라핌은 병에 걸려 앓게 되자 사람들은 곧 죽을 것으로 생각했다. 그렇지만 꾸르스카야의 성모 마리아가 다시 나타나서 "세라핌은 우리들 중의 하나이다"라는 말을 하시자 병이 금방 치유되었다.

어느 성 대 목요일에 성 세라핌은 아주 뚜렷한 환상을 보았다. 성찬예배liturgia 도중에 예수님이 성당 안으로 들어오셔서 성찬예배에 참석한 모든 사람들에게 축복을 내리시는 모습을 보았다. 그래서 금방 보았던 사실을 윗사람들에게 말했더니 "그러한 것은 하나님 사랑의 표시이므로 자랑하지 말라"고 일러주었다. 그러면서 세라핌에게 수도생활을 잘하도록 하며 전심으로 기도생활을 할 수 있도록 격려해 주었다.

세라핌은 숲 속에 조그마한 오두막집 한 채를 지었다. 그는 이 오두막집에서 기도생활을 하면서 초대교회 때 사막의 성인들이 지키던 규칙을 엄격히 지키고 따랐다. 그는 그곳에 채소밭을 일구어 그 밭에서 나오는 야채로 식생활을 영위하였다.

성 세라핌은 오두막 집 주위 숲 속에 있는 특별한 장소에 예루살렘, 베들레헴 등 성지聖地 이름을 붙여 놓고, 거기에 찾아가서는 실제로 성지에 온 것으로 생각하면서 기도했다. 그는 예수 그리스도의 삶 안에서 모든 사건들을 관상하기를 좋아했다.

세라핌은 특별히 야생동물을 좋아하였다. 곰, 토끼, 늑대, 여우들이 빵을 얻어먹으려고 주위로 모여들었다. 그는 자기를 찾아오는 야생동물들을 쓰다듬어 주었고 먹을 것도 주었다.

어떤 부인은 성 세라핌이 자신의 손으로 곰에게 먹을 것을 주는 것을 직접 보았다고 이렇게 기록하였다. "저는 세라핌 수사 신부님의 얼굴을 보고 정말 놀랐습니다. 그분의 얼굴은 마치 천사처럼 빛이 났으며 기쁨으로 충만하였습니다."

아담이 지녔던 하나님을 닮은 본래의 모습을 회복하게 된 성 세라핌은 천국의 순수함 속에서 자연을 벗으로 삼을 수 있었던 것이다.

시간의 흐름에 따라서 그의 수도생활은 더욱 더 엄격해졌다. 한 때 성 세라핌은 바위 위에 앉아서 천일 동안을 꼬박 기도로 보냈다. 그 이후 그는 침묵을 하나의 규칙으로 정해 놓고는 그 어느 누구와도 말을 하지 않았다. 그는 초대교회 사막의 교부들의 교훈과 모범을 따랐으며 그분들에 대한 독서를 계속하였다. 드디어 그는 모든 사람들과의 관계를 끊었으며 불도 때지 않은 조그마한 오두막집 방안에 자신을 스스로 가두었다. 그리고 잠은 쭈그리고 앉아서 잤다.

오랫동안 수도생활에 대한 공부와 수련을 쌓은 다음에 세라핌 성인은 자신을 만나러 오는 사람들에게 그동안 자기가 해온 기도와 묵상의 열매를 나누어주어야 겠다는 생각을 하였다. 바로 이 때 성 세라핌은 영적 지도자인 스타렛츠가 되었다.

세라핌은 하나님의 능력으로 병 고치는 은사를 받았다. 세라핌이 유명하게 되어 많은 사람들로부터 존경과 사랑을 받을 때도 그는 어떠한 명예와 인간적 위로를 멀리하고 고독한 수도생활을 했다는 것에 대해 사람들은 매우 놀라워했다.

세라핌은 사람들의 마음 깊은 곳을 꿰뚫어 보면서 그들의 마음이 어떤 상태이며 또 어떻게 도와주어야 할이지 잘 알고 있었으므로 실질적이고 슬기로운 충고를 해줄 수가 있었다. 세라핌의 모든 충고는 성경과 초대 교부들의 저술을 바탕으로 했다고 말했다.

한번은 모토빌로프라는 그의 제자를 불러놓고 말하기를 "하나님께서는 나에게 '너는 그리스도인 삶의 주요한 목적을 알기 위해서 여러 해 동안 노력해 오고 있다'고 말씀하셨다네"라고 했다.

모토빌로프는 세라핌이 이러한 진리를 터득했다는 것에 아주 놀랐다. 사실 모토빌로프는 그리스도인 삶의 주요한 목적을 알고자 신부님들이나 교수님들에게 질문했을 때 "교회에 열심히 나가라, 하나님께 열심히 기도해라. 하나님의 교훈을 따르라. 그리고 선행을 열심히 하여라"는 거의 비슷한 충고를 들었지만 만족하지 못하였다.

세라핌은 모토빌로프에게 "기도와 금식이 우리 삶의 목적은 아니다. 기도와 금식은 다만 우리의 목적으로 인도하는 수단이다. 우리 삶의 진정한 목적은 우리 안에 성령을 모시는 것이다. 선행과 기도는 우리들 안에 성령을 잘 모실 수 있는데 도움이 된다면 그것은 가치가 있는 것이다"라고 설명했다. 그러나 모토빌로프는 이해가 잘 되지 않아서 성 세라핌에게 "성령을 모신다는 그 뜻이 무엇입니까? 저는 이해가 잘 되지 않습니다"라고 질문하자 "그것은 마치 예금구좌와 같은 것이다. 우리가 돈을 저축하는 것과 같은 방법으로 우리 안에 성령을 비축하는 것이다. 우리가 그리스도를 위해서 선행을 하거나 하나님에 대하여 묵상할 때 성령을 비축하는 것이다. 기도는 우리 안에 성령의 비축을 더하기 위한 최선의 방법이다. 왜냐하면 우리는 종종 교회에 출석하기엔 바쁘며 또 가난한 이들에게 자선을 베풀 수가 없기 때문이다. 그렇지만 우리는 항상 기도할 수 있으며 하나님을 가까이 할 수도 있다. 이렇게 하는 것이 우리로서는 가장 행복한 때인 것이다"라고 대답했다.

"그렇다면 기도 이외에 우리는 또 무엇을 할 수 있겠습니까?"라고 모토빌로프는 또 다시 질문을 하였다.

"하나님께 가까이 갈 수 있는 그 무엇인가를 하라. 성령을 더욱 많이 비축하기 위하여 무엇이든지 도움이 되는 것을 해야 한다. 가장 높은 소득을 올리기 위하여 장사를 하는 것처럼 생각하라. 만약 기도하는 것이 성령에 관해서 더욱 많은 것을 가져다준다면 계속 기도해야 한다. 그리고 금식하는 것이 당신을 위해서 최선이라면 금식하라. 또 성령을 비축하는데 다른 어떠한 것이 당신을 돕는다면 바로 그것을 하라. 상품을 좋은 가격으로 구매하여 이득을 최대로 누리고자 하는 장사꾼처럼 되라."

또 제자가 묻는다.

"제가 성령의 특별한 사랑 안에 있다는 것을 어떻게 알 수 있습니까?"

세라핌은 "우리 둘은 지금 성령 안에 있다. 왜 정면으로 나를 바라보지 않는가?"라고 물었다.

"신부님, 신부님의 눈에서 나오는 빛이 눈부셔서 저는 신부님을 바라볼 수가 없습니다. 신부님의 얼굴이 너무 빛나고 있기 때문에 눈이 부셔서 볼 수가 없습니다."

"그렇다. 바로 그것이 우리가 성령의 충만한 영광 안에 있다는 것이다. 두려워 말고 머리를 들어 나를 쳐다보라."

모토빌로프는 세라핌 성인을 쳐다보았다. 성인의 얼굴은 마치 태양 속에서 나온 사람의 얼굴처럼 보였다. 세라핌 신부는 그에게 어떤 느낌인지 물어보았다.

"예, 제 영혼이 평화롭고 고요해지는 느낌입니다."

"그래요. 그 평화는 바로 하나님께서 보내시는 평화이다. 그 외에 무엇을 느끼는가?"

"예, 유별나게 달콤한 느낌이 듭니다."

"그래요. 우리 마음 안에 녹아내리는 듯한 감미로움이다. 그 외에 또 무엇을 느끼는가?"

"예. 성령께서는 성령께 접하는 사람이면 누구에게나 그러한 기쁨을 충만케 해주신다는 느낌입니다."

"그것은 이승의 삶에서 고통과 불행에서 벗어나 하늘나라의 무한한 기쁨의 조그마한 맛을 보는 것에 불과하다. 또 다른 느낌이 있는가?"

"예. 아주 따뜻함입니다. 그리고 좋은 향수보다 더 향기롭습니다."

"그 향기는 이 세상 그 어떠한 향기와 비길 수 없다. 그리고 그 따뜻함은 바로 우리 곁에서 나온다. 지금 온 누리에 내린 녹지 않는 눈을 보고 있다. 하나님께서는 그분을 사랑하는 이들과 그 이웃을 사랑하는 이들을 지켜보신다. 그리고 그분은 그들을 성령의 기쁨으로 충만케 해 주신다. 당신이 그분을 믿는다면 그것은 수도자이든 사제이든 평신도이든 문제가 되지 않는다. 누구든지 이 기쁨을 체험할 수 있다. 그렇기 때문에 당신은 지금 성령을 본 것이다. 그러니 평안히 돌아가시오."

모토빌로프는 자신도 하나님을 볼 수 있을 뿐만 아니라, 다른 이들도 하나님을 볼 수 있도록 돕는 세라핌 성인의 능력을 놀라워했다.

::자돈스키의 티콘::

자돈스키의 티콘 St. Tikhon of Zadonsk, 1724-1783은 위대한 설교자이며 글재주가 있는 작가였다. 그는 정교회의 고전적 영성의 전통에 굳게 뿌리를 내린 사람이다. 그는 가난한 사람들을 돕는 것을 특별히 기뻐했고 순수한 사람들과 대화를 나눌 때에 가장 행복해 했다.

그는 특히 러시아의 대문호 도스토예프스키에게 큰 영향을 끼친 성인이었다. 도스토예프스키는 그의 친구 마이콥에게 "내가 만일 확실한 성인의 모습을 묘사한다면 '티콘'이야말로 오랜 세월 나의 마음에 큰 기쁨을 가져다 준 분이었다"고 편지를 썼다. 도스토예프스키는 티콘의 신성 능력을 절실히 느꼈다. 그러면서도 그 신성을 해석한다든가 분류하기는 어려웠다. 18세기 고행자들 인격의 신성에는 설명 못할 점이 있었다. 도스토예프스키는 "티콘에 관해 가장 중요한 점은 그저 티콘이다"

라고 했다.

그는 18세기 러시아의 반종교적 사상에 대한 살아있는 해답이었다.

::성 니콜라이::

그리스 정교회의 천 명이 넘는 성자들 중에서도 성 니콜라이처럼 존경을 받은 성자도 드물다. 이웃을 사랑하고 기적을 많이 행한 그는 전 러시아인의 수호 성자로 존경을 받는다.

그는 많은 병자들을 치료했고, 난파선의 승객들을 기적적으로 구출했으며 죽음의 선고를 받은 죄인들을 사형 집행하려는 군졸로부터 칼을 빼앗았다.

::성 바실리::

모스크바에서 스스로 기독교의 바보를 자처한 성자 바실리Basilius는 기독교의 어느 군주보다 일반 백성들에게서 각별한 사랑을 받았다. "바보를 자처"한다는 말은 사도 바울의 "누가 너희들 가운데 무엇을 아는 줄로 생각하면 그는 이 세상의 바보가 될 것이다"라는 말과 같이 바보임을 자처하는 일이다. 그들은 은둔자들처럼 세상을 도피하는 것이 아니라 거리와 시장바닥에서 그리스도의 복음을 전하며, 기성 교회나 종교가들의 위선을 혹독하게 비평, 책망하고 군주들 앞에서도 대담하게 암시적인 표현을 써가며 꾸짖기를 두려워하지 않는 자들이다.

성 바실리는 그런 예언자적인 성자로 완전히 벗고 다니며 가르치기도

했다. 모스크바 광장에 우뚝 솟은 바실리 성당은 바로 이 성자를 기념하는 곳이다.

11 한국의 영성

::이현필::

이현필은 한국 개신교 백년사에 있어서 전무후무한 특이한 인물이다. 이현필은 평신도인데 "한국의 프란시스"라 불리는 독특한 한국적 영성인이요 성인이다. 개신교이지만 기성 교인은 아니고 보통 "산중파"라고 불리는 분으로서 화학산에서 4년간 기도하고 지리산에 들어가서 3년을 기도했다.

이현필은 언제나 진심으로 자기를 죄인이라 불렀고 그렇게 처신했다. 그는 거지 옷을 입고 신을 신지 않고 겨울에도 맨발로 일생을 살았다. 마음으로나 육신으로나 절대 순결의 생활을 하려는 것이 그와 제자들의 목표여서 성을 초월하고 부부도 남매로 살려고 했다. 음식은 주로 쑥을 뜯어 먹었는데, 그것도 죄인이라 하여 밥상을 차리지 않고 맨땅에서 먹었다.

그는 극단적인 금욕고행주의자라는 평을 받기도 했다(육식을 하지 않고 새우 한 마리도 입에 넣지 않았다). 그는 제자들 앞에서 자기는 금욕 고행으로 구원을 얻으려는 자가 아니며 만일 그렇게 믿었다면 예수 그리스도 앞에 역적 같은 놈이라고 하고, 그 실증을 보이려고 조기 끓인 물을 마시며 파계했다.

그는 예수 그리스도의 십자가 보혈의 공로로 구원받는 것이라면서, 그러나 "지금으로부터 2천 년 전 먼 옛날 예수 그리스도가 유대 골고다에서 세계 만민을 대신하여 십자가에 못 박혀 죽으셨다는 고담古談 같고 교리적인 이야기로는 아무 소용이 없다. 지금 이 순간 어쩔 수 없는 내 가슴에 뚝뚝 떨어져 오는 뜨거운 피를 받지 않으면 안 된다"고 했다.

이현필은 지리산에서 예수 그리스도의 십자가 희생적 사랑의 강권을 받고 못 견디어 구슬 같은 눈물을 흘리며 통곡한 때가 여러 번 있었다. 그냥 눈물을 흘린 것이 아니라 대성통곡했다.

"갈보리 산에서 십자가를 지시고
예수는 귀중하신 보배 피를 흘리사
구원받을 참 길을 열어 놓으셨느니라.
갈보리 십자가는 저를 위함이오.
아 십자가, 아 십자가,
갈보리 십자가는 저를 위함이오."

도시의 모든 기독교인들이 예수 믿노라면서 화려한 성전을 짓고 사치하게 예배드리는 날, 그는 홀로 지리산 속에서 통곡했다. 그런 기독교인은 한국에 한 사람뿐이었다.

그는 결핵 환자인 제자와 함께 거처하다가 결핵에 감염되었다. 폐병이 심하여 무등산에서 요양했는데, 각혈할 때면 무릎을 꿇고 앉아 합장하고 하늘을 쳐다보며 기뻐했다. 곁에서 시중들던 수녀들이 "선생님, 깡통에 절반이나 각혈했어요. 힘드신데 누우세요" 하면 "눕다니. 나의 이 더러운 피는 다 빠져야 해. 예수의 피가 내게 들어와야 해. 내 피가 빠지는 이 순간이 내 신랑을 영접하는 순간인데 눕다니" 하면서 오히려 기뻐했다.

애국자요 애농가인 그는 제자들에게 예배에 대하여 가르치며 "땅 파는 소리가 하나님의 소리이다. 시래깃국을 먹는 것이 우리의 기도이다. 맨발로 다니는 것이 성신충만이다. 우리는 손수 농사하여 짚신을 삼아 신어야 한다. 손수 밭에 유채를 심어 그 기름을 짜 그 불빛에 성경을 읽어야 한다"고 했다. 그들은 예배드릴 때 찬송가와 함께 농부가도 자주 불렀다.

> 딩동딩동 보슬비는 단비를 주고,
> 철썩철썩 지친 파도 집터를 닦네.
> 둥실둥실 밝은 달은 길을 밝히고
> 송이송이 꽃송이는 힘을 주누나.
> 빛나는 대한, 빛나는 대한
> 아름다운 강산이라 얼싸 좋구나.

농부가를 부를 때 이현필은 흥겨워서 춤을 추듯 엉덩이를 들썩들썩하였다.

6.25 사변이 나서 인민군이 서울에 쳐들어왔다는 소식을 듣고 제일 먼저 교회와 양들을 버리고 부산으로 도망친 이들은 큰 교회의 목사들이었다. 그때 미국인 여자 선교사 유화례 씨가 피난을 못하고 어쩔 줄 몰라 방황하고 있을 때, 이현필이 나타나 유선교사를 지게에 싣고 가서 칠십 리나 떨어진 화순 화학산 암굴에 숨겨 놓았다. 전쟁은 빨리 끝나지 않고 여름과 가을이 지나고 겨울이 오는데, 이현필은 단벌옷에 맨발로 먹을 것이 없어 다래를 따먹으며 지냈다. 그 때 지은 노래가 "주님 가신 길"이다.

주님 가신 길이라면 태산준령 험치 않소.
방울방울 땀방울만 보고 따라가오리다.
주님 가신 길이라면 가시밭도 싫지 않소.
방울방울 핏방울만 보고 따라가오리다.
주님 계신 곳이라면 바다 끝도 멀지 않소.
물결 물결 헤엄쳐서 건너가서 뵈오리다.

이 길이다! 이것이다! 이현필은 그 길을 찾았다.

1964년 3월 17일 새벽 3시, 53세에 임종하면서 남긴 말은 "내가 죽으면, 죄인이 죽은 시체니 절대로 관에 넣지 말고 헌 가마니에 둘둘 말아서 사람들이 제일 많이 다니는 길가에 묻어 주시고 죄인의 송장을 사람들이 밟게 하시오"였다.

임종하면서 "오! 기쁘다. 오! 기뻐! 오메, 기뻐서 못 참겠네. 이 기쁨을 종로 네거리에 나가서 전하고 싶다"고 하며, 제자들을 바라보고 "제가 먼저 갑니다. 다음에 오시오" 하고는 눈을 감았다.

프란시스나 이현필이 선택한 길은 기성 교회가 선전하는 길과는 전혀 다른 길이었다. 세속 교회는 예수 믿으면 출세하고 성공하는 편안하고 안일한 길이었지만 프란시스나 이현필이 걸어간 길은 좁은 길, 고난의 길이었다.

::이세종::

"한국 개신교 영성의 뿌리, 그리고 어느 면으로 보나 주류를 이루고 있는 신앙생활의 표출은 이세종, 이현필로 이어지는 신앙생활의 운동이었다. 이분들은 전형적인 한국 사람으로서 외부의 신학적인 영향을 거의 받지 않고 다만 성경의 예수 그리스도를 그대로 받아들이면서 체험한 신앙적 영성의 소유자들이었다. 그들의 영성이 그리스도교 전통의 영성 대가들의 신앙생활과 맥을 같이 한다는 점에서 주목할 만하다."

위의 글은 영성 문제를 연구하는 어느 교수의 논문의 한 구절이다.

이세종은 남의 집 머슴살이를 40년간이나 하다가 누구의 전도도 받지 않고 자진해서 예수를 믿은 분이다. 본래 배운 것이 없는 불학무식한 분이었으나 예수를 믿기 시작하면서 글을 배워 성경을 읽었다. 그는 밤이면 성경을 암송하고 낮에는 인근 마을의 처녀 총각들을 모아다가 성경을 가르쳤다.

본래 부지런한 분이어서 나뭇짐 지고 지겟다리가 닳아 짧아질 만큼

일해서 전남 화순 등광리 마을에서 제일가는 부자가 되었다. 그는 천태산이라는 명산 기슭에 산당을 짓고 기화요초를 심고 연못을 파고 고기를 길렀다. 나이 차이가 많은 젊은 여자를 아내로 맞이했다. 건강하고 다부진 여자였다.

그러나 이세종은 예수 믿은 후에는 산당도 버리고 좁은 문 움막집을 짓고 살며 쑥을 뜯어 밀가루 범벅을 만들어 먹었다. 그것이 주식이었다. 흉년이 들어 마을 사람들이 이세종에게 돈을 꿔가면서 빚 문서를 써주었는데, 그는 예수 믿고는 마을 사람들의 빚을 탕감해 주고 그들이 보는 앞에서 빚 문서를 태워 버렸다. 사람들이 감격하여 송덕비를 세웠는데, 이세종은 면사무소에 가서 그 비를 땅에 파묻어 달라고 청했다.

자손을 보려고 아내를 얻었으나 예수 믿은 후에는 순결사상이 강해서 아내와 부부생활을 하지 않고 아내를 누님이라 불렀다. 밤에 아내가 방에 들어오면 곁에 오지 못하게 쫓아냈다. 아내는 그런 생활을 못 견뎌 두 번이나 다른 남자에게 시집갔는데, 그럴 때마다 이세종은 아내의 살림도구를 지게에 담아 옮겨 주고는 아내에게 "하나님을 잊어버리지 마시오. 아무 때라도 뉘우치면 다시 돌아오시오" 했다. 그리고 자주 아내가 사는 집을 찾아가서 전도했다. 본 남편이 자주 찾아오는 것이 괴로웠던 아내는 제발 오지 말라고 사정했지만 계속 찾아오니 나중에는 찾아온 이세종에게 구정물을 바가지에 담아 퍼부었다. 결국 아내는 다시 본남편인 이세종에게 돌아왔고 말년에는 이세종의 정신을 잘 따르고 회개하고 세상을 떠났다.

그는 도구밭골이란 곳 산중 외딴 초막에서 수도생활하며 밤이면 바위 위에 앉아 침묵 속에 하늘을 쳐다보며 관상했다. 성 프란시스가 자연을 사랑하고 자연을 통해서 하나님을 찬양한 것같이, 이세종도 산길을 다닐 때 손을 펴서 길 좌우편의 잡초들을 어루만지며 다녔다. 이, 빈대, 파리도 죽이지 않았다. 산길로 다니다가 자기 발밑에 개미가 밟혀 죽으면 이세종은 내려다보며 울었다. 칡넝쿨도 밟지 않고 옮겨 놓고 지나갔다. 혼잣말로 "하나님, 이 모든 목숨들을 어떻게 하시렵니까" 하며 탄식했다. 부엌 구정물통에 쥐가 빠져 있으면 작은 나뭇가지를 넣어 사다리를 만들어 주어 쥐가 살아 나오게 했고, 부엌에 독사가 들어왔는데도 잡지 않고 막대기로 슬슬 몰아 밖으로 내쫓으면서 "큰일날 뻔했다"고 했다.

제자들이 많이 생겼고, 그가 가르치는 성경공부에 목사들이 찾아와서 배웠다. 멀리 광주에서 목사들이 70리 산중 길을 걸어 동광원까지 이세종에게서 배우려고 찾아왔다. 목사들 중에는 전남 도지사의 자문을 맡았던 최흥종 목사, 광주 동북교회 백영흠 목사, 독립 전도단의 강순명 목사 등이 있었다. 이세종은 이런 분들을 앞에 놓고 "파라, 파라, 깊이 파라. 얕추 파면 너는 망한다. 깊이 파고 깊이 깨닫고 깊이 믿어야 산다. 어설프게 믿으면 의심밖에 나는 것이 없다", "예수 믿는 길은 좁은 문이다. 좁은 문도 홀몸으로 들어가는 것이 아니라 십자가를 지고 들어가는 좁은 문이다"라고 가르쳤다.

말년에 세상 떠날 때는 제자들에게 나뭇가지를 꺾어 오라 해서 이세종 자신이 그 나무로 사다리 상여를 만들고 그 위에 누워 제자들 보고 어깨 위로 들어 올리라 하고는 "올라간다. 올라간다" 하면서 임종했다.

::김현봉::

한국적인 독특한 영성인이라 할 수 있는 또 한 분은 김현봉 목사이다. 김현봉 목사는 평양신학교를 나오고, 한때 서울 아현동에서 목회를 했으나 교회 장로들 때문에 실패하고 교회를 사면하고 나와 아현동 굴레방다리 근처에 교회를 개척했다. 닭장을 개조하여 집을 만들었는데, 처음 교인은 7명뿐이었다.

김 목사는 길가에 나가 노방 전도하여 교인을 늘려갔다. 다른 교회에서 불만이 있어 찾아오는 떠돌이 교인은 받지 않았다. 김 목사는 친히 자기 손으로 나름대로의 독특한 교회를 만들어가며 그러한 교인을 만들었다.

김 목사가 세운 교회가 "아현교회"인데, 한국의 다른 교회와는 전혀 같지 않은 독특한 교회였다. 간판도 없고 종탑도 없었다. 강대상도 없고, 피아노나 오르간도 없고, 성가대도 없고 장로도 없었다.

예배는 두 시간이나 길게 하는데도 교인들은 무릎을 꿇고 있다. 그 교회의 남자들은 김 목사를 닮아 삭발하고 바지저고리 입는 이가 많았다. 김 목사의 별명은 "중 목사"였다. 키가 작은 분이 삭발하고 검은 두루마기에 검은 고무신을 신고 다녔다. 그 교회의 여자들도 사치한 색깔의 옷은 입지 않았다. 한동안 머리 파마도 못하게 했다.

김 목사는 모든 형식을 무시했다. 때때로 강대 위에서 파리채를 들고 파리를 잡아 가면서 설교했다. 사경회에 다니다가 힘들 때면 강대상 위에 올라앉아서 설교하기도 했다. 그러면서도 전교인에게 십일조를 드리게 하고, 연보는 김 목사 자신이 관리했다. 김 목사에게는 자녀가 없었다. 교인들은 연보를 김 목사 마음대로 사용해도 의심하지 않았다.

목사 월급은 교회에서 정한 것을 받지 않고, 목사의 생활을 위해 별도로 연보함을 만들어 교인들이 자유로이 넣도록 했다. 주일 오전 예배를 마치고 사모가 국수기계로 손수 만든 밀국수를 전 교인에게 대접했고, 잠시 쉬었다가 오후 2시에 저녁예배를 드렸다.

교인이 세상 떠나면 어린아이는 자전거 뒤에 싣고 가서 장사하고, 어른은 리어카에 실어 벽제 화장터에 가서 화장했다. 김현봉 목사가 세상을 떠난 해의 교인 수는 천 명이나 되었는데, 김 목사의 시신을 리어카에 싣고 가서 화장했다. 결혼식은 교회에서 사경회하는 도중 쉬는 시간에 신랑 신부를 평소 입던 옷 그대로 불러 앞자리에 세우고 "잘 살겠소?"하고 묻고 기도해 주면 끝이었다.

김현봉 목사는 저녁 5시면 잠자리에 들고 밤 12시에 기상해서 고요히 단좌해 묵상에 잠기고, 새벽 4시 통행금지가 해제되면 연세대학교 뒷산에 마련한 기도실 마당에 있는 나무에 기대어 묵상하기 시작하여 낮 12시까지 그런 모양으로 있었다.

오후에는 심방을 다녔는데 아현동 일대 교인들의 집을 하루에 70호나 심방할 때도 있었다고 한다. 교인 집에 일일이 들어가 앉아 예배하는 것이 아니라 문밖에서 "별일 없소?"라고 묻고 지나갔다. 간혹 가난한 교인 집을 심방할 때면 연탄불이라도 피웠나 해서 방바닥에 손을 대보기도 했다.

김현봉 목사의 목회 방법을 배우려고 수십 명의 목사, 전도사들이 그를 따라다녔으나 오늘날 그대로 본받아 하는 목사는 극소수이다. 그런 독특한 목회는 김현봉 목사만이 할 수 있는 목회이다.